回歸·情義25載

呈獻機構　團結香港基金

編著機構　香港地方志中心

中華書局

序言

歷史是一面鏡子，能夠令人了解一個地方的文化風俗、經濟脈絡、政治秩序，認清一個地方從哪裏來、往哪裏去，從而增加整體社會的歸屬感和凝聚力。在香港回歸 25 周年的特別日子，一起細味兩地之間守望相助、共同打拼的情義，可謂正當其時，極具意義。

2022 年春節過後，香港爆發第五波新冠疫情，確診數字大幅飆升，醫療資源捉襟見肘，每天都發生不少令人心酸的事情。值此危急時刻，習近平總書記作出重要指示，要求中央各有關部門和地方要全力支持和幫助香港特區政府做好防疫抗疫工作，採取一切必要的措施，確保香港市民的生命安全和身體健康，確保香港社會大局穩定。

「香港有求，國家必應。」在接下來的三個月，香港特區政府在國家相關部委以及廣東省政府的協助下，展開了一場史無前例的抗疫戰。內地專家組、醫護人員、檢測設施，以及大量醫療和生活物資源源不絕送到香港，以提升核酸檢測能力、建立方艙醫院和社區隔離設施、保障食物和必需品的供應。

這次疫情能夠快速受控，除了香港特區政府負起主體責任、香港社會各界團結一心，更重要的是中央對香港的全力支援，充分體現了兩地血濃於水的同胞情誼，印證了祖國永遠是香港最堅強後盾的永恒道理。

從歷史的宏觀角度來看，這次內地援港抗疫絕非個別事件，而是兩地深化融合的又一真實寫照。香港回歸的 25 年裏，在社會、經濟、文化、民生等不同層面，兩地合作都在不斷加強和深化：由抗擊 SARS 到遏阻新冠；由抵禦亞洲金融風暴到應對環球金融危機；由廣深港高鐵建成到港珠澳大橋通車；由「一帶一路」倡議到大灣區建設……香港早已跟內地締結成休戚與共的命運共同體。

非常幸運，回歸以來，我在不同的崗位上，近距離參與了香港融入國家發展大局的過程，不但目睹了 CEPA 簽署、「十二五」規劃港澳部分單獨成章、興建香港故宮文化博物館等，也見證了這些國家規劃、經濟政策、區域合作等理念，逐步被納入到特區政府的施政報告，「國家」、「內地」、「融合」、「發展」等字眼的出現頻率不斷上升。

當然，基於兩地不同的制度和習慣，融合過程並非都是風平浪靜，有時難免也會遇到一些問題、挑戰，甚至是矛盾和衝突，但無論如何曲折艱辛，在中央政府以及香港社會各界的同心協力下，最終都能在《基本法》的框架內得到妥善處理。

香港回歸 25 年的歷程，正好説明「一國兩制」兼具了非凡的堅韌性和靈活性，而一個強大的祖國，正是香港抵禦風浪、戰勝挑戰的底氣所在，也是香港持續發展、再創輝煌的動力來源。我們深信，隨着大灣區建設的推進、香港加快融入國家發展大局，每名香港市民，都是國家繁榮富強的見證者、參與者、貢獻者和受惠者。

香港地方志中心作為一個以「尋根 · 記載 · 承傳」為宗旨的民間機構，將回歸以來兩地互動的大事梳理記錄，責無旁貸。我們希望透過這本書冊的出版，回顧 25 年來兩地互動過程中每一個快樂和感動的瞬間，協助經歷新冠疫情之後的港人，更加了解香港與國家之間不可分割的關係，在歷史的新起點上，重拾信心、勇氣、團結、希望！

香港地方志中心執行委員會主席

陳智思

導讀

2022 年是香港回歸 25 周年。25 年，不過是中華民族歷史長河的一瞬，但歷史的分量，有時要以厚度而非長度來衡量。

香港自古以來就是中國的領土，與祖國休戚與共、緊密相連。一個半世紀以來，香港與內地一直保持緊密的溝通聯繫，港人積極參與國家的革命事業、抗日戰爭以及新中國建設。無論遇到任何風浪，兩地之間的交往從未中斷：1963 年香港大旱，三百萬人飽受制水之苦，國家馬上修建供水工程，把潔淨的清泉源源不絕輸送香港；1991 年華東水災，四千萬人流離失所，香港演藝界舉辦義演，一天之內籌得過億賑災善款，充分展示了內地與香港血濃於水的骨肉親情，以及中華民族患難與共的精神傳承。

1997 年 7 月 1 日，中國政府恢復對香港行使主權，開始實踐「一個國家、兩種制度」的偉大構想，成就人類歷史上前所未有的制度創新。跨過四分一個世紀，香港原有資本主義制度、生活習慣、自身優勢保持不變，國際金融、航運、貿易中心的地位更加鞏固，經濟、基建、民生等各個方面，都取得了長足的進步。與此同時，在中央的支持下，香港成功抵禦了多次國際金融危機、公共衞生危機、社會安全危機，逐步融入粵港澳大灣區和「一帶一路」建設，踏上與祖國共同發展、永不分離的寬廣道路。

25 年的家國情義，既體現於每一個影響深遠的政府決策，也反映在每一個令人動容的歷史瞬間。因為，每一個中國人的個體記憶，都連接了內地與香港最親切的文化紐帶，每一個中國人的生活經歷，都蘊含着兩地之間最真摯的情感聯繫。這些屬於老百姓平凡而真實的記憶和經歷，正是對「回歸」最直接的詮釋，也是對「回歸」最溫暖的紀念：由大熊貓來港定居，到故宮國寶來港展覽；由汶川地震全港動員的災後重建，到新冠疫情全國支援的抗疫戰線；由 CEPA 帶動的經貿融合，到大灣區建設帶來的無限機遇；由 2008 年奧運的「同一個夢想」，到 2020 年冬奧的「一起向未來」，每一個難忘的時刻，港人與全國 14 億同胞一樣，都有着共同的呼吸和心跳。

值此香港回歸 25 周年的歷史新里程，香港地方志中心以「回歸 · 情義」作為切入點，精選 25 件兩地人民守望相助、共同打拼的事件，收入這本薄薄的書冊。這些事件也許不是 25 年香港大事的全部，也不是系統梳理香港回歸的編年史，卻是值得銘記的情感線索，引領人們在「一國兩制」的道路上，一次次回望香港回歸的真正意義，一步步走向民族復興的光明未來。這就是編寫本書的初心。

本書由香港地方志中心負責撰寫，中華書局（香港）有限公司負責出版和發行，定位為香港歷史的普及讀本，因此無論在內容取材以至行文風格上，均與傳統志書有所分別。在事條的選取上，本書以內地和香港的「情義」作為主軸，集中展示香港回歸 25 年來，兩地之間，尤其是民間的互動與交流。文字表述、插圖排版等方面，也盡量透過簡單直觀、生活化和趣味化的方式處理，目的是更貼近大眾的閱讀興趣和習慣，喚起讀者對回歸情義的真摯情感，這也是香港地方志中心在編纂志書以外，育人工作的一次嶄新嘗試。

在內容方面，本書序章輯錄中央領導人以及第六任行政長官在特區政府就職典禮上的講話，透過中央及特區政府的權威聲音，讓讀者更加清晰了解香港的憲政秩序、治理體系以及發展方向，共同為香港打開新的篇章。

序章之後是回歸 25 載大事記，共分五個主題 25 個單元。主題一以「超越 25 年的家國情」作為中心，主要記述 1997 年 7 月 1 日香港回歸慶典的歷史時刻、國家贈送大熊貓予香港、港人貢獻國家文教發展、香港故宮文化博物館開幕，以及國家支援香港對抗新冠疫情五個單元。

主題二「血濃於水 同舟共濟」精選了五項兩地同舟共濟、互相扶持的事件，從健康快車、1998 年抗洪救災、SARS 疫情、東深供水、四川地震等，體現了內地與香港永恒不變的骨肉親情。

主題三「協同發展 互利共贏」回顧了中央全力支持特區政府對抗金融風暴、推出 CEPA 和港澳個人遊、離岸人民幣業務，以及滬港通和深港通等，反映兩地在經貿領域的合作不斷發展和深化的趨勢。

主題四「奧運夢·航天夢·中國夢」以香港愛國人士捐資建設「水立方」、香港特區協辦北京奧運馬術項目、東京 2020 奧運以及歷次航天代表團訪港四個單元，體現國家對香港體育事業發展的支持，以及凸顯香港同胞的愛國之情。

主題五「勇立潮頭　融入大局」共分六個單元，透過國家五年規劃中的港澳篇章、香港參與國家「一帶一路」建設、粵港澳大灣區發展規劃、港珠澳大橋、廣深港高鐵，以及香港北部都會區發展等項目，從規劃及基建着手，展示香港融入國家發展大局的宏偉藍圖。

此外，為方便讀者了解所述事件的先後次序，本書設有圖文並茂的時序線，提供事條式的簡單概述，附錄部分也列出新一屆特區政府官員名單、歷屆行政長官施政報告標題、大紫荊勳章頒授名單、國家「十四五」規劃中的涉港部分，以及一些統計圖表，期望以最簡單直觀的方式，輔助讀者掌握兩地間一些重要資訊。

為了誌慶回歸 25 周年的重要日子，加上撰寫期間香港遭受第五波疫情的嚴峻衝擊，本書籌備時間非常緊張，儘管存在諸多客觀局限以及不盡人意之處，但作為一本香港歷史普及讀物，相信對加深大眾對兩地互動和情義的了解，還是有一定幫助的。

在此要特別感謝陳坤耀教授、劉蜀永教授、劉智鵬教授、劉佩瓊教授在百忙中撥冗擔任本書的學術顧問，以廣博的學術根基和豐富的研究經驗，為本書的撰寫提供非常重要的指導和協助，他們的幫助和支持，是本書順利出版的重要保證。

香港回歸 25 年，「一國兩制」實踐取得了舉世矚目的成功，儘管過程中經歷了一些風雨洗禮，但兩地之間的情義也愈發堅實。我們期望透過此書，讓讀者加深認識內地和香港之間血脈相連、命運與共的故事，站在新的歷史起點上，推動香港和國家邁向民族復興的壯闊征程。

香港地方志中心

序章

國家主席習近平在香港特別行政區第六屆政府就職典禮發表的重要講話

同胞們，朋友們：

今天，我們在這裏隆重集會，慶祝香港回歸祖國 25 周年，舉行香港特別行政區第六屆政府就職典禮。

首先，我向全體香港居民，致以誠摯的問候！向新就任的香港特別行政區第六任行政長官李家超先生，向香港特別行政區第六屆政府主要官員、行政會議成員，表示熱烈的祝賀！向支持「一國兩制」事業、支持香港繁榮穩定的海內外同胞和國際友人，表示衷心的感謝！

中華民族五千多年的文明史，記載着華夏先民在嶺南這片土地上的辛勤耕作。鴉片戰爭以後的中國近代史，記載着香港被迫割讓的屈辱，更記載着中華兒女救亡圖存的抗爭。中國共產黨團結帶領人民進行的波瀾壯闊的百年奮鬥史，記載着香港同胞作出的獨特而重要的貢獻。有史以來，香港同胞始終同祖國風雨同舟、血脈相連。

香港回歸祖國，開啟了香港歷史新紀元。25 年來，在祖國全力支持下，在香港特別行政區政府和社會各界共同努力下，「一國兩制」實踐在香港取得舉世公認的成功。

——回歸祖國後，香港在國家改革開放的壯闊洪流中，敢為天下先，敢做弄潮兒，發揮連接祖國內地同世界各地的重要橋樑和窗口作用，為祖國創造經濟長期平穩快速發展的奇跡作出了不可替代的貢獻。香港積極融入國家發展大局、對接國家發展戰略，繼續保持高度自由開放、同國際規則順暢銜接的優勢，在構建我國更大範圍、更寬領域、更深層次對外開放新格局中發揮着重要功能。香港同內地交流合作領域全面拓展、機制不斷完善，香港同胞創業建功的舞台愈來愈寬廣。

——回歸祖國後，香港戰勝各種風雨挑戰，穩步前行。無論是國際金融危機、新冠肺炎疫情，還是一些劇烈的社會動盪，都沒有阻擋住香港行進的腳步。25 年來，香港經濟蓬勃發展，國際金融、航運、貿易中心地位穩固，創新科技產業迅速興起，自由開放雄冠全球，營商環境世界一流，包括普通法在內的原有法律得到保持和發展，各項社會事業全面進步，社會大局總體穩定。香港作為國際大都會的勃勃生機令世界為之讚嘆。

——回歸祖國後，香港同胞實現當家作主，實行「港人治港」、高度自治，香港真正的民主由此開啟。25 年來，以憲法和基本法為基礎的特別行政區憲制秩序穩健運行，中央全面管治權得到落實，特別行政區高度自治權正確行使。制定香港國安法，建立

在香港特別行政區維護國家安全的制度規範，修改完善香港選舉制度，確保了「愛國者治港」原則得到落實。香港特別行政區的民主制度符合「一國兩制」方針，符合香港憲制地位，有利於維護香港居民民主權利，有利於保持香港繁榮穩定，展現出光明的前景。

同胞們、朋友們！

「一國兩制」是前無古人的偉大創舉。「一國兩制」的根本宗旨是維護國家主權、安全、發展利益，保持香港、澳門長期繁榮穩定。中央政府所做的一切，都是為了國家好，為了香港、澳門好，為了港澳同胞好。在慶祝香港回歸祖國 20 周年大會上，我曾經講過，中央貫徹「一國兩制」方針堅持兩點，一是堅定不移，確保不會變、不動搖；二是全面準確，確保不走樣、不變形。今天，我要再次強調，「一國兩制」是經過實踐反覆檢驗了的，符合國家、民族根本利益，符合香港、澳門根本利益，得到 14 億多祖國人民鼎力支持，得到香港、澳門居民一致擁護，也得到國際社會普遍贊同。這樣的好制度，沒有任何理由改變，必須長期堅持！

同胞們、朋友們！

溫故知新，鑒往知來。「一國兩制」在香港的豐富實踐給我們留下很多寶貴經驗，也留下不少深刻啟示。25 年的實踐告訴我們，只有深刻理解和準確把握「一國兩制」的實踐規律，才能確保「一國兩制」事業始終朝着正確的方向行穩致遠。

第一，必須全面準確貫徹「一國兩制」方針。「一國兩制」方針是一個完整的體系。維護國家主權、安全、發展利益是「一國兩制」方針的最高原則，在這個前提下，香港、澳門保持原有的資本主義制度長期不變，享有高度自治權。社會主義制度是中華人民共和國的根本制度，中國共產黨領導是中國特色社會主義最本質的特徵，特別行政區所有居民應該自覺尊重和維護國家的根本制度。全面準確貫徹「一國兩制」方針將為香港、澳門創造無限廣闊的發展空間。「一國」原則愈堅固，「兩制」優勢愈彰顯。

第二，必須堅持中央全面管治權和保障特別行政區高度自治權相統一。香港回歸祖國，重新納入國家治理體系，建立起以「一國兩制」方針為根本遵循的特別行政區憲制秩序。中央政府對特別行政區擁有全面管治權，這是特別行政區高度自治權的源頭，同時中央充分尊重和堅定維護特別行政區依法享有的高度自治權。落實中央全面管治權和保障特別行政區高度自治權是統一銜接的，也只有做到這一點，才能夠把特別行政區治理好。特別行政區堅持實行

行政主導體制，行政、立法、司法機關依照基本法和相關法律履行職責，行政機關和立法機關既互相制衡又互相配合，司法機關依法獨立行使審判權。

第三，必須落實「愛國者治港」。政權必須掌握在愛國者手中，這是世界通行的政治法則。世界上沒有一個國家、一個地區的人民會允許不愛國甚至賣國、叛國的勢力和人物掌握政權。把香港特別行政區管治權牢牢掌握在愛國者手中，這是保證香港長治久安的必然要求，任何時候都不能動搖。守護好管治權，就是守護香港繁榮穩定，守護七百多萬香港居民的切身利益。

第四，必須保持香港的獨特地位和優勢。中央處理香港事務，從來都從戰略和全局高度加以考量，從來都以國家和香港的根本利益、長遠利益為出發點和落腳點。香港的根本利益同國家的根本利益是一致的，中央政府的心同香港同胞的心也是完全連通的。背靠祖國、聯通世界，這是香港得天獨厚的顯著優勢，香港居民很珍視，中央同樣很珍視。中央政府完全支持香港長期保持獨特地位和優勢，鞏固國際金融、航運、貿易中心地位，維護自由開放規範的營商環境，保持普通法制度，拓展暢通便捷的國際聯繫。中央相信，在全面建設社會主義現代化國家、實現中華民族偉大復興的歷史進程中，香港必將作出重大貢獻。

同胞們、朋友們！

在中國人民和中華民族迎來從站起來、富起來到強起來的偉大飛躍中，香港同胞從未缺席。當前，香港正處在從由亂到治走向由治及興的新階段，未來五年是香港開創新局面、實現新飛躍的關鍵期。機遇和挑戰並存，機遇大於挑戰。中央政府和香港社會各界人士對新一屆特別行政區政府寄予厚望，全國各族人民對香港滿懷祝福。在這裏，我提出四點希望。

第一，着力提高治理水平。完善治理體系、提高治理能力、增強治理效能，是把香港特別行政區建設好、發展好的迫切需要。行政長官和特別行政區政府是香港的當家人，也是治理香港的第一責任人。要忠實履行誓言，以實際行動貫徹「一國兩制」方針，維護基本法權威，為香港特別行政區竭誠奉獻。要按照德才兼備的標準選賢任能，廣泛吸納愛國愛港立場堅定、管治能力突出、熱心服務公眾的優秀人才進入政府。要提升國家觀念和國際視野，從大局和長遠需要出發積極謀劃香港發展。要轉變治理理念，把握好政府和市場的關係，把有為政府同高效市場更好結合起來。要加強政府管理，改進政府作風，樹立敢於擔當、善作善成新風尚，展現良政善治新氣象。

第二，不斷增強發展動能。香港地位特殊，條件優良，發展空間十分廣闊。中央全力支持香港抓住國家發展帶來的歷史機遇，主動對接「十四五」規劃、粵港澳大灣區建設和「一帶一路」高質量發展等國家戰略。中央全力支持香港同世界各地展開更廣泛、更緊密的交流合作，吸引滿懷夢想的創業者來此施展抱負。中央全力支持香港積極穩妥推進改革，破除利益固化藩籬，充分釋放香港社會蘊藏的巨大創造力和發展活力。

第三，切實排解民生憂難。「享天下之利者，任天下之患；居天下之樂者，同天下之憂。」我說過，人民對美好生活的嚮往，就是我們的奮鬥目標。當前，香港最大的民心，就是盼望生活變得更好，盼望房子住得更寬敞一些、創業的機會更多一些、孩子的教育更好一些、年紀大了得到的照顧更好一些。民有所呼，我有所應。新一屆特別行政區政府要務實有為、不負人民，把全社會特別是普通市民的期盼作為施政的最大追求，拿出更果敢的魄力、更有效的舉措破難而進，讓發展成果更多更公平惠及全體市民，讓每位市民都堅信，只要辛勤工作，就完全能夠改變自己和家人的生活。

第四，共同維護和諧穩定。香港是全體居民的共同家園，家和萬事興。經歷了風風雨雨，大家痛感香港不能亂也亂不起，更深感香港發展不能再耽擱，要排除一切干擾聚精會神謀發展。香港居民，不管從事什麼職業、信奉什麼理念，只要真心擁護「一國兩制」方針，只要熱愛香港這個家園，只要遵守基本法和特別行政區法律，都是建設香港的積極力量，都可以出一份力、作一份貢獻。希望全體香港同胞大力弘揚以愛國愛港為核心、同「一國兩制」方針相適應的主流價值觀，繼續發揚包容共濟、求同存異、自強不息、善拼敢贏的優良傳統，共同創造更加美好的生活。

我們還要特別關心關愛青年人。青年興，則香港興；青年發展，則香港發展;青年有未來，則香港有未來。要引領青少年深刻認識國家和世界發展大勢，增強民族自豪感和主人翁意識。要幫助廣大青年解決學業、就業、創業、置業面臨的實際困難，為他們成長成才創造更多機會。我們殷切希望，每一個香港青年都投身到建設美好香港的行列中來，用火熱的青春書寫精彩的人生。

同胞們、朋友們！

「願將黃鶴翅，一借飛雲空。」中華民族偉大復興已經進入不可逆轉的歷史進程。推進「一國兩制」在香港的成功實踐是這一歷史進程的重要組成部分。我們堅信，有偉大祖國的堅定支持，有「一國兩制」方針的堅實保障，在實現我國第二個百年奮鬥目標的新征程上，香港一定能夠創造更大輝煌，一定能夠同祖國人民一道共享中華民族偉大復興的榮光！

2022 年 7 月 1 日，國家主席習近平出席慶祝香港回歸祖國 25 周年大會暨香港特別行政區第六屆政府就職典禮，並發表重要講話。習近平表示，香港回歸 25 年來，「一國兩制」取得舉世公認的成功，證明「一國兩制」是好制度，沒有任何理由改變，必須長期堅持。習近平指出，「一國兩制」在香港的實踐留下許多寶貴經驗和深刻啟示，要確保「一國兩制」行穩致遠，必須全面準確貫徹「一國兩制」方針、必須堅持中央全面管治權和保障特區高度自治權相統一、必須落實愛國者治港，以及必須保持香港的獨特地位和優勢。習近平又提出對香港的四點希望，包括着力提高治理水平、不斷增強發展動能、切實排解民生憂難，以及共同維護和諧穩定。

（星島新聞集團提供）

行政長官李家超在香港特別行政區第六屆政府就職典禮致辭全文

尊敬的習主席、各位嘉賓、各位香港市民：

今天，我以謙卑的心情，在國家主席的監誓下，就任中華人民共和國香港特別行政區行政長官。我衷心感謝中央人民政府和香港市民對我的信任，我將帶領團隊，全力以赴，共建一個關愛共融，充滿發展機遇、希望和活力的香港。

二十五年前，踏入七月一號零時零分，在我們現在身處的香港會議展覽中心奏起中華人民共和國國歌，國旗和香港特別行政區區旗冉冉升起，香港特別行政區正式成立，「一國兩制」這個創新的偉大構想正式啟航。

「一國兩制」是香港社會的最佳制度保障，是維持香港長期繁榮穩定重要基石，更是給予特區獨特優勢的成功國策。四分之一世紀以來，香港在多方面都取得驕人成就，不僅僅被評為全球最自由經濟體、全球第三大金融中心、第五最具競爭力城市，我們更是全球最大人民幣離岸中心，擁有第一大的航空貨運量，以及五間世界百強大學。香港的成就不勝枚舉。

當然，香港期間也經歷不同的挑戰，包括環球金融危機、一四年的違法「佔中」、一六年旺角暴動、一九年社會暴亂及外部勢力干預香港事務，危害國家安全，以及新冠疫情等。憑藉中央強大後盾的全力支持、「一國兩制」的生命力和優越性，以及香港市民自強不息、勤奮努力，每次香港都能克服挑戰，重新出發，再上新台階。

這充分反映香港的兩大優勢：一是「一國兩制」給予香港作為特別行政區獨特優勢，既是融入國家發展大局的特區，也是聯通世界的國際城市和最有效連結國家和世界的通道；二是香港的自身優勢、香港人的韌力和意志、社會各界的共同力量。

今天，我肩負起中央及香港市民賦予的歷史使命，我感到無比光榮，亦深知責任重大。我將全面準確貫徹落實「一國兩制」、「港人治港」、高度自治方針，維護《憲法》和《基本法》確定的特區憲制秩序，維護國家主權、安全和發展利益，確保香港長期繁榮穩定。

法治是香港賴以成功的基石和核心價值。香港回歸以後，《基本法》保障了香港市民的權利和自由，保障了司法獨立和終審權。香港的法治水平在世界排名第十九位，先於不少歐美國家。我們的高度法治化、市場化、國際化，正正代表了一座國際城市成功的要素。

《香港國安法》的頒布實施，讓香港「由亂到治」，完善選舉制度，讓香港落實「愛國者治港」原則。

新選舉制度符合「一國兩制」方針，符合香港實際情況，符合香港發展需要，我們要珍惜和長期堅持，發揮好這個制度的價值，達致良政善治。

面前五年，是香港「由治及興」的關鍵時刻，特區政府會務實有為，迎難而上，「以結果為目標」，解決社會問題。管治團隊會重視團隊文化，優勢互補，以改革精神，自我挑戰及創新，提升管治效能，為市民解困。領導官員會在問題萌芽時主動介入，積極指揮。政府施政要關心民心所盼。哪怕每天只解決一個問題，但不積小流，無以成江河，持之以恆，必有所成。

特區政府會全面提升香港的競爭力，發展經濟。我們會鞏固和提升國家「十四五」規劃下香港作為國際金融、航運、貿易中心等固有優勢產業，更會全力發展新興產業。政府會凝聚建設香港成為國際創新中心，發揮和結合香港和內地的自身優勢和不同地方的優勢，讓香港的基礎科研成績，結合到內地，特別是粵港澳大灣區的產業鏈、人才和市場力量等，把創科及各領域做大做強，發展高端競爭力，提升創科力量。

另外，剛開幕的香港故宮文化博物館，展現中國國寶和歷史文化，必將吸引世界各地人士來港，有利於傳播中華優秀文化，加上展現現代與當代視覺文化的 M+ 博物館，以及一系列香港文化藝術展覽和表演共冶一爐，香港將被建成為一個中外藝術文化之都，提升香港的國際定位。「一帶一路」和粵港澳大灣區建設，都給予香港無限機遇、無限的發展空間。

發展是解決社會問題、改善民生的金鑰匙。政府施政會以民為本。我們會正視房屋土地問題，成立行動和統籌工作組，全面提速、提量、提效，增加多元土地房屋供應。我們會以科學精準管控新冠疫情，強化醫療系統應變能力，加強安老護幼。青年是我們的未來，政府會制訂青年政策和發展藍圖，增加青年上流空間，並鼓勵他們擁抱粵港澳大灣區機遇，實現夢想。我們會優化教育，培育有家國情懷，具世界觀、大局觀的新一代。

在發展的同時，政府會居安思危，防患於未然。我們會奠定安穩基石，確保有充分的防範和保障能力，應對包括國家安全、金融安全、食物衞生安全、物資供應安全等風險。政府會全面用好話語權，派員及代表團到海外，説好香港故事，讓香港的成功和事實宣揚到海外。

我的競選口號是「同為香港開新篇」，「同」字是當中最重要的部分。「同」反映我對團隊的重視，有兩重意義，一是我和團隊團結一致，同心同向，達致「一加一比二大」的協同效應；二是團結特區政府和社會大眾，凝聚政府、社會和個人的力量，共同努力，和衷共濟，其利斷金。

各位市民，今天，我們站在新的起跑線上。對於過往的成績，我們絕不自負驕傲；對於未來的挑戰，我們必定迎難而上。就讓我們團結一致，傳承不屈不撓的香港傳奇，同為香港開新篇，建設更美好的香港，為香港長期繁榮穩定作出貢獻，為實現中華民族偉大復興作出貢獻。

謝謝大家！

2022 年 7 月 1 日，第六屆香港特區行政長官李家超發表就職演說。李家超在致辭中表示，作為香港特別行政區第六任行政長官，感到無比光榮，亦深知責任重大，將帶領管治團隊全力以赴，團結香港社會各界，全面準確貫徹「一國兩制」、「港人治港」、高度自治方針，維護憲法和基本法確定的特別行政區憲制秩序，維護國家主權、安全、發展利益，確保香港長期繁榮穩定，為實現中華民族偉大復興作出貢獻。

（新華社提供）

目錄

回歸 25 載大事記

主題一：超越 25 年的家國情

主題二：血濃於水　同舟共濟

主題三：協同發展　互利共贏

主題四：奧運夢·航天夢·中國夢

主題五：勇立潮頭　融入大局

安子介

1997 年 7 月 1 日，香港特別行政區行政長官就職典禮舉行，董建華向時任國務院總理李鵬舉手宣誓就職。 （YOSHIKAZU TSUNO/AFP via Getty Images）

2003年6月29日，在時任國務院總理溫家寶（前排左三）與時任香港特區行政長官董建華（前排左二）見證下，時任特區財政司司長梁錦松（左坐）與時任商務部副部長安民（右坐）於香港禮賓府簽署《內地與香港關於建立更緊密經貿關係的安排》（CEPA）。

（香港特別行政區政府提供）

2003 年 6 月 30 日，時任國務院總理溫家寶向醫護人員致送慰問卡，將一股暖流注入為港人奮戰的醫護心中。

（南華早報出版有限公司提供）

位都是
英雄
歡迎您向醫護人員送上您的祝福和鼓勵
向医护人員致敬
温家宝
二〇〇三年六月卅日

2003 年 10 月 31 日，在「神舟五號」載人飛船回到地球半個月後，我國首位航天員楊利偉展開為期六日的訪港行程。楊利偉在港期間受到熱烈歡迎，不少市民爭相與他握手或要求簽名。

（香港特別行政區政府提供）

2008 年 6 月 1 日，香港民間舉行「512 關愛行動」大型義演，兩岸三地約 500 名演藝界人士傾力演出，為汶川大地震災區籌款。（新華社提供）

愛行動
行動
G CAMPAIGN
ING CAMPAIGN
CREW
諾
CREW
諾

Beijing 2008

2008年8月17日，首位代表國家出戰奧運馬術項目的運動員黃祖平在場地障礙賽時，縱馬一躍，英姿煥發。（新華社提供）

香港故宮博物文化博物館的建築主體借鑒中國傳統器物「上寬下聚，頂虛底實」的結構，利用混凝土斜柱呈現出有如方鼎的傾斜外形。
（香港故宮文化博物館提供）

2018年9月23日上午5時，香港高鐵西九龍站正式投入服務。大批市民一早來到站門，等候歷史的一刻。5時正，他們興奮衝過彩帶，迎接高鐵新時代。（中新圖片提供）

通車日
of "Guangzhou-Shenzhen-Hong Kong"
High Speed Rail (Hong Kong Section)

2018 年的港珠澳大橋。
（Visual China Group via Getty Images）

2021 年 7 月 23 日，東京 2020 奧運會開幕禮舉行。香港劍擊運動員張家朗（右）及羽毛球運動員謝影雪（左）擔任持旗手，帶領代表團進場。

（Matthias Hangst/Getty Images）

2021 年 12 月 3 日，東京 2020 奧運會內地奧運健兒代表團抵港，展開為期三日的訪問活動。

（Xiao Meilin/VCG via Getty Images）

奧運健兒代表團訪港
es Mainland Olympians Delegation

2020 年 9 月 16 日，內地核酸檢測支援隊圓滿完成支援香港抗疫工作後，隨即啟程返回內地。不少香港市民專程到支援隊下榻的酒店，對這段期間支援隊對香港市民作出的努力和貢獻表達由衷謝意。（中新圖片提供）

2022 年 2 月 19 日，第二批共 114 人內地援港抗疫醫療防疫工作隊，經深圳灣口岸啟程赴香港，隨即配合特區政府開展重症研究、治療和核酸檢測，助港穩控疫情，體現了兩地風雨同舟、攜手抗疫的精神。

（中新圖片提供）

中央

2022 年 3 月 9 日，時任政務司司長李家超到訪視察中央援建位於新田的社區隔離設施，並為工作人員打氣。（香港特別行政區政府提供）

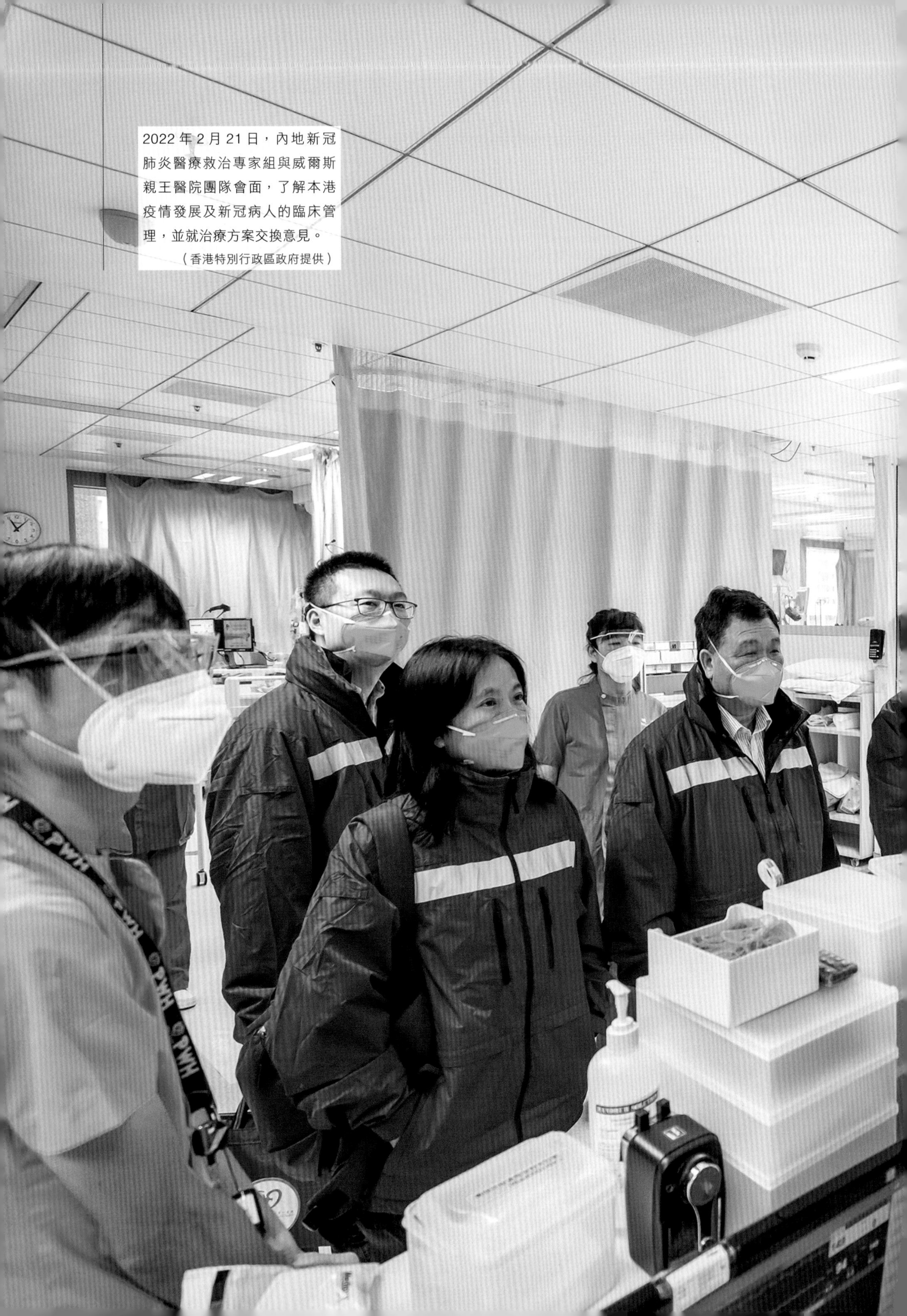

2022 年 2 月 21 日，內地新冠肺炎醫療救治專家組與威爾斯親王醫院團隊會面，了解本港疫情發展及新冠病人的臨床管理，並就治療方案交換意見。

（香港特別行政區政府提供）

ICU Consultant
Parent Team Doctor
Unit
30
DOCTOR

2016 年 5 月 18 日，（由左至右）時任香港特區行政長官梁振英、時任全國人民代表大會委員長張德江和全國政協副主席、香港特區前行政長官董建華，在灣仔出席「一帶一路」峰會。

（南華早報出版有限公司提供）

2017 年 6 月 29 日，國家主席習近平在時任香港特區行政長官梁振英、候任行政長官林鄭月娥、時任故宮博物院院長單霽翔博士的陪同下參觀西九文化區模型。

（香港特別行政區政府提供）

回歸25載大事記

（香港特別行政區政府提供）

主題一

超越25年的家國情

概述

1997年7月1日，歷經漫長的等待、波折重重的談判，在數代國家領導人和各界的努力之下，香港終於回到祖國的懷抱。近代以來，吾國吾民飽受侵略，1842年的《南京條約》、1860年的中英《北京條約》及1898年的《展拓香港界址專條》，三條不平等條約將香港從祖國身邊剝離。一個半世紀以來，從「長期打算，充分利用」，到「一個國家，兩種制度」，國家從未停止收復香港的努力，而香港亦從未忘記血濃於水的根脈親緣。在中英兩國政府香港政權交接儀式上，伴隨着莊嚴的中華人民共和國國歌，五星紅旗和紫荊花旗在萬眾矚目下冉冉升起，香港特別行政區正式成立！這一刻足足讓我們等待了一個半世紀！國家對香港恢復行使主權，這不僅是香港歷史的嶄新篇章，更是國家統一大業道路上的堅實一步，香港歷史從此踏入新紀元，港人終於成為這片土地的真正主人。

香港是「東方之珠」，更是國家的掌上明珠，備受國家重視與關愛。1999年及2007年，為慶祝香港特別行政區回歸祖國兩周年及十周年，國家先後贈送兩對國寶大熊貓給香港作為禮物，充分凸顯國家對香港的愛護與情誼。四隻大熊貓落戶海洋公園以來，陪伴香港走過高山低谷、逆境順境，為港人帶來無限歡樂與希望，得到港人的極大喜愛。「安安」、「佳佳」、「樂樂」及「盈盈」四隻大熊貓的命名，亦寓意香港在國家的全面支持下，「安定繁榮、屢創佳績」、「繁榮歡樂、經濟豐盈」，這是廣大香港市民的期盼，更是國家對香港最美好的祝願。

隨着香港與內地在政治、經濟、文化等方面交往的日趨緊密，香港發揮自身優勢的同時，亦充分融入國家發展大局。作為東西文化薈萃的國際大都會，香港有幸獲國家授權建設故宮文化博物館，經過近六年的精心籌建，香港故宮文化博物館終於在2022年開幕。這份慶祝香港回歸祖國25周年的厚禮，不但體現國家對香港的關愛，亦代表國家充分支持香港於「十四五」以及粵港澳大灣區規劃中成為亞洲以至全球中外文化藝術交流之都。香港在這機遇下將肩負起傳承中國歷史和中華文化的重任，進一步促進中外文化理解，擴展中外人民友誼，讓世界更好地了解中國。

國家對香港是如此厚愛與支持，港人亦心繫國家的發展和進步，時刻希望能為國家做貢獻，其中以港人對國家文化和教育工作的熱情和支持，尤其突出。早自改革開放以來，港人就心繫內地教育的發展，並為此前赴後繼，出錢出力，憑着一腔愛國心、血濃於水的同胞之情，為國家的教育建設和發展作出巨大貢獻。而在文化工作上，鴉片戰爭後，無數珍貴國寶文物散軼海外，成為國家近代歷史上的恥辱和華夏兒女心中的痛。2003年及2007年，港人兩度斥資購回散失海外百餘年的圓明園國寶——十二生肖豬首銅像和馬首銅像，並捐贈給國家。這慷慨義舉，不僅推動了國家文物的保育工作，對保存中華文化遺產起到了帶頭作用，同時亦折射出千千萬萬港人對國家深沉的眷戀與熱愛，以及心繫家國的民族情懷。

從2019年開始出現的新冠肺炎疫情，對於香港是又一場重大考驗。香港在五波疫情襲擊下，醫療系統受嚴峻挑戰，物資供應短缺，民生困頓。國家一如既往，對香港的需要有求必應，在每一波疫情中都毫不猶豫伸出援手，即使內地疫情未完全受控，亦堅持優先調運口罩、疫苗等醫療用品供港，並指揮各省，確保香港物資運送充足。國家多次調派專家來港就醫治患者及預防重症等方面提供指導和建議，甚至調集各省人員來港興建「方艙醫院」及協助檢測等，在香港最彷徨無助之時，雪中送炭，為香港社會提供最為堅實的支持與保障。

背靠祖國，面向世界。從1997年到2022年，回歸25年以來，香港不僅成功落實「一國兩制」、高度自治，同時經濟和國際地位亦都得到顯著發展和提高。香港與國家血脈相連、文化相承，在融入國家、建設國家的同時，香港更需要國家的關愛與支持。未來，希望港人在接受國家厚愛的同時，亦能把自己的個人夢、家庭夢融入國家夢、民族夢之中，把握國家發展的機遇及「一國兩制」賦予香港的優勢，一起為祖國昌盛和香港繁榮而不懈奮鬥，共建美好明天，讓這份家國情懷跨越地域、超越時代，一直延續下去。

香港回歸祖國 翹首以盼 舉世矚目

一個半世紀的等待　香港重回祖國懷抱

1997 年 7 月 1 日 0 時 0 分，在香港會議展覽中心五樓大會堂，中英兩國政府香港政權交接儀式在全球矚目下隆重舉行。伴隨着莊嚴的中華人民共和國國歌，五星紅旗和紫荊花旗冉冉升起，標誌着國家正式恢復對香港行使主權。時任國家主席江澤民莊嚴宣告中華人民共和國香港特別行政區正式成立，並強調中央將堅定不移地推行「一國兩制」、「港人治港」、高度自治的基本方針，保持香港原有社會、經濟制度及生活方式不變、法律基本不變、香港居民依法享有的各項權利和自由不變。香港歷史從此揭開了嶄新的篇章，港人從此成為這片土地的真正主人。

時任國家主席江澤民在香港會議展覽中心舉行的香港交接儀式完成後，與英國王儲查理斯握手。
（南華早報出版有限公司提供）

0時0分，解放軍駐港部隊正式接管香港防務，4000名解放軍從陸、海、空三方面進駐香港，接收14個軍營及軍事用地。當天雖然大雨滂沱，無數香港市民依然冒雨揮着國旗夾道歡迎解放軍。凌晨1時30分，中華人民共和國香港特別行政區成立暨特區政府宣誓就職儀式在灣仔會展舉行。特區行政長官、主要官員、行政會議成員、臨時立法會議員、終審法院法官及高等法院法官依次宣誓就職。首任特區行政長官董建華發表就職演説：「我們在這裏用自己的語言向全世界宣告：香港進入歷史的新紀元。」凌晨2時45分，臨時立法會舉行香港特區成立後首次會議，並在凌晨3時55分三讀通過《香港回歸條例草案》，旋即交由董建華簽署生效。上午10時，香港特別行政區成立慶典在灣仔會展舉行，時任國院副總理錢其琛代表中央政府將約1700億元的土地基金資產移交予特區政府，成為特區政府部分的財政儲備。下午4時，特區政府舉行特區成立慶祝酒會，5000多名中外嘉賓出席。同日，中央政府贈送「永遠盛開的紫荊花」（即金紫荊）貼金銅鑄雕，在灣仔會展新翼揭幕，紀念香港回歸。香港市民亦自發性的舉辦一系列慶祝回歸活動，整個社會都瀰漫着歡騰的氣氛。這一刻，香港足足等待了一個半世紀！

被迫分離雖久　血脈情義不斷

自鴉片戰爭以來，清政府被迫在1842年的《南京條約》及1860年的中英《北京條約》，分別將香港島和界限街以南的九龍半島割讓給英國，及後英國又在1898年6月9日簽訂的《展拓香港界址專條》強租新界，租期為99年，至1997年6月30日屆滿。三條不平等條約，將香港從祖國身邊剝離。不過，香港雖置於英國管治之下，與祖國的血脈濃情卻從未中斷，血濃於水的民族情懷從未有一刻動搖。歷經百年滄桑，香港得以重回祖國懷抱，這當中既凝聚了數代國家領導人的努力和智慧，亦凝聚了無數人民的盼望，實在是彪炳中華民族史冊的千秋功業。

新中國成立後，香港是當時中國爭取外匯及對外的唯一窗口，為國家整體利益，國家採取「長期打算，充分利用」的政策，但在收回香港的問題上，國家一直持堅定態度，毛澤東於1963年就表示：「香港人就是我們中國人……對於英國人統治下的香港，我們不動它並不是永遠不動它，英國現在安心，將來會不安心的。」

1982年9月，時任英國首相戴卓爾夫人訪京，中英雙方正式就香港問題展開談判。戴卓爾夫人當時表示希望以「主權換治權」，但被鄧小平堅決拒絕，表示「香港是中國的領土，我們一定要收回來！」並強調「關於主權問題，中國在這個問題上沒有迴

1997年6月30日傍晚，位於中區政府合署、標誌英國管治的香港徽號被除下，翌日凌晨0時換上中國國徽。
（星島新聞集團提供）

轉餘地。」「如果不收回，就意味着中國政府是晚清政府，中國領導人是李鴻章！」當時鄧小平提出「一個國家，兩種制度」（「一國兩制」）的方案解決香港問題，其後中英雙方經歷22輪談判，終於在1984年12月19日正式簽署《中英聯合聲明》，決定中國政府將於1997年7月1日對香港恢復行使主權。隨着香港回歸漸近，中國政府依照《聯合聲明》中規定的1997年7月1日香港回歸中國後實行「一國兩制」、「港人治港」、高度自治等原則，開始進行《基本法》的諮詢和草擬工作。1990年4月4日，第七屆全國人民代表大會第三次會議通過了《中華人民共和國香港特別行政區基本法》及三個附件。

1992年10月，時任中共中央總書記江澤民在中國共產黨第十四次全國代表大會上表示「一個國家，兩種制度」是具有創造性的構想。在一個中國的前提下，國家的主體堅持社會主義制度，而港、澳、台地區則保持原有的資本主義制度長期不變，並強調完成祖國統一大業，是中華民族的根本利益所在，是全國人民包括台灣同胞、港澳同胞和海外僑胞的共同願望。國家會堅定不移地按照「和平統一、一國兩制」的方針，加強與英國、葡萄牙兩國政府的合作，使香港和澳門平穩過渡，保持長期穩定和繁榮。

香港特別行政區行政會議全體成員宣誓就職，由首任香港特區行政長官董建華監誓。
（香港特別行政區政府提供）

香港市民於蘭桂坊歡慶回歸祖國一刻的來臨。
（香港特別行政區政府提供）

回歸 25 載　融入國家發展大局

1997 年 6 月 30 日午夜至 7 月 1 日凌晨，香港政權交接儀式在中英雙方代表以及 4000 多名中外來賓的見證下、在全球矚目以及全國人民的翹首期盼中隆重舉行。歷經一個半世紀的別離，香港正式重回祖國懷抱，這不僅是香港歷史的新紀元、里程碑，亦是祖國統一大業道路上的重要一步。「一國兩制」方針在香港的成功實踐，不僅促進了香港與祖國的聯繫，亦為國際社會以和平方式解決國家間的歷史遺留問題提供了範例，具有重大的、世界性的意義。

踏入 2022 年，香港回歸祖國邁入 25 周年。25 年以來，在國家全面支持下，香港不僅成功落實「一國兩制」，同時亦保持着高度自治，經濟繁榮穩定發展、國際地位不斷提高。加上《香港國安法》及完善選舉制度兩大舉措的落實，保障了香港的繁榮穩定。未來，香港將進一步融入國家發展大局，迎接新機遇、新挑戰，與國家一起邁向更美好的未來。

1999 年 5 月 17 日，時任國務委員吳儀及時任香港特區行政長官董建華主持香港賽馬會大熊貓園的開幕典禮。（香港特別行政區政府提供）

熊貓來港
喜迎國寶

大熊貓是中國國寶，深受全世界青睞與喜愛。1999年及 2007 年，為慶祝香港特別行政區回歸祖國兩周年及十周年，國家先後贈送兩對大熊貓給香港作為禮物。這不僅深深體現了國家對香港的深厚情誼與關愛，亦代表國家對香港的美好期盼與祝福。

回歸前，港人想一睹大熊貓真容並非易事，通常只能前往內地的動物園才能一見其貌。因此，大熊貓來港，香港全民都感到興奮雀躍，大批市民前往參觀，其憨態可掬的模樣贏得了全港男女老幼的一致喜愛。多年來，這股「熊貓熱」未曾消退，反而有增無減。大熊貓來港對香港市民而言可謂是幾代人的集體回憶，此後港人不僅能在香港近距離觀賞到可愛的大熊貓，海洋公園亦常與臥龍中國保護大熊貓研究中心一起互動、學習和交流經驗，為國家的大熊貓保育工作做出一分貢獻，意義重大。

香港回歸兩周年　喜迎「安安」和「佳佳」

1999 年 3 月 11 日，中央政府首次贈予香港特區的兩隻大熊貓安安和佳佳，帶着國家對香港的關愛與祝福，搭乘專機抵港，隨即落戶海洋公園。可愛的「孖寶」是國家為慶祝香港回歸祖國兩周年，特意送給香港的禮物，廣受全港市民的歡迎與喜愛。

雌性大熊貓佳佳生於 1978 年，雄性大熊貓安安生於1986 年，兩隻大熊貓來港前均居於臥龍中國保護大熊貓研究中心。佳佳個性文靜、和藹可親、母性強，來港前已在內地生產過五次，並誕下六名子女，可謂「兒孫滿堂」，佳佳因每年都可以正常發情產子，為大熊貓繁衍出力甚多，而獲得「英雄母親」之稱；比佳佳年輕八歲的安安來港前則曾到新加坡萬禮動物園客居半年，被親切地譽為「熊貓大使」。

「英雄母親」和「熊貓大使」從四川遠道而來，對牠們而言，最大的考驗是要適應香港炎熱潮濕的氣候環境。為了給大熊貓提供一個良好舒適的居住環境，香港賽馬會（下稱馬會）捐資 8000 萬港元建造佔地 2000 平方米的熊貓園，仿造大熊貓家鄉四川的自然棲息環境。1999 年 5 月 17 日，「香港賽馬會大熊貓園」正式開幕，兩隻大熊貓立刻成為海洋公園炙手可熱的新星，吸引大量市民造訪，人頭湧湧，盛況空前。市民大排長龍，為的只是想一睹安安、佳佳可愛的模樣。2004 年 4 月，海洋公園為慶祝安安、佳佳來港五周年，更舉辦過「親親大熊貓派對」活動，這是香港首次舉辦以大熊貓為主題的大型慶祝活動，廣受市民，尤其是小朋友的熱烈歡迎和踴躍參與。據海洋公園統計，自從安安、佳佳來港以後，以大熊貓為主題的教育課程已成為最受遊人與學生歡迎的教育項目，2015 年有 846,000 多名學生參與海洋公園學院的課程，當中約有兩成學生選讀了大熊貓主題課程，足見大熊貓深得港人喜愛。

一對國寶在香港居住多年，不少市民都希望牠們能誕下下一代，可惜多年來都未能成功。至 2016 年，已屆 38 歲高齡（相當於人類 114 歲）的佳佳健康急劇惡化，最終不得已接受「安樂死」，遺下安安，全港市民聽到消息都感到非常傷感，如時任海洋公園主席盛智文就表示：「今天這日子的來臨，縱使是早有心理準備，但仍令人非常難過。佳佳不僅是海洋公園大家庭的一分子，更陪伴香港人共渡了 17 載美好時光。」佳佳生前刷新了兩項健力士世界紀錄，分別是「迄今為止最長壽的圈養大熊貓」及「最長壽的在世圈養大熊貓」。佳佳身故後，海洋公園及臥龍中國保護大熊貓研究中心一致決定，保存其生物樣本用於組織病理學的研究；其頭骨及牙齒會用於獸醫學教育及研究，而皮毛則會於照顧新生大熊貓時使用，「英雄母親」佳佳，仍以另一個方式延續自己的使命。

「樂樂」「盈盈」抵港　齊賀回歸十周年

2007 年 4 月 26 日，中央政府再次贈送大熊貓給香港，作為慶祝香港特別行政區成立十周年的賀禮。時任民政事務局局長何志平在「大熊貓交接儀式」上，衷心感謝中央政府繼 1999 年贈送「安安」和「佳佳」後，再贈送一對年輕大熊貓給香港，充分體現國家對香港特區的關愛和濃情厚誼。這對迷人可愛的「小孖寶」再次在港颳起熊貓旋風，當年政府舉辦的「大熊貓命名活動」，全港市民均踴躍參與，共收到 13,000 份表格，最終意寓香港「繁榮歡樂，經濟豐盈」的「樂樂」和「盈盈」在 6700 對建議名字中脫穎而出。

2007 年 7 月 1 日，中央政府贈送香港的兩隻大熊貓「盈盈」和「樂樂」在海洋公園大熊貓園首次與市民見面。時任海洋公園主席盛智文（左二）、著名演員劉德華（左四）和香港市民一起與大熊貓合影。（中新圖片提供）

2007 年，為慶祝香港回歸祖國十周年，中央政府將「樂樂」和「盈盈」這對大熊貓贈送給香港。兩隻大熊貓落戶海洋公園，受到香港市民的一致喜愛。（中新圖片提供）

2007 年 6 月 30 日上午，時任國務委員唐家璇在海洋公園，主持「大熊貓送贈儀式」。 （香港特別行政區政府提供）

來自臥龍中國保護大熊貓研究中心的雄性熊貓樂樂和雌性熊貓盈盈分別生於 2005 年 8 月 8 日及 8 月 16 日，來港後亦居於海洋公園的熊貓園。2007 年 7 月 1 日，香港回歸祖國十周年之際，海洋公園「香港賽馬會大熊貓園」經裝修後重新開幕，樂樂和盈盈亦於當日與香港市民初次見面，呆萌可愛的模樣大受歡迎。時任海洋公園主席盛智文表示：「『大熊貓園』與香港回歸十周年紀念同日進行寓意一對大熊貓樂樂及盈盈能夠與全香港人一起慶祝這個特別的日子。海洋公園對此感到無比榮幸及興奮。」

國寶大熊貓——憨態可掬的「外交使者」

大熊貓是中國國寶，古稱「白羆」，別名「貓熊」、「竹熊」，俗稱「熊貓」，屬哺乳綱、貓熊科，是中國特有的物種，分布於青藏高原東部山脈，特別是四川、甘肅、陝西三省交界的邊緣地帶、海拔為 1500 米到 3500 米雨水充沛的山區。野生大熊貓數量稀少，全中國現時只有約 1800 隻，並已被列入國際自然保護聯盟瀕危物種紅色名錄（IUCN 紅色名錄）易危（VU）的保護級別。

大熊貓可謂是代表中國的「親善大使」，其生性溫順、體態豐盈，一身漂亮的黑白兩色皮毛，憨態可掬的模樣與平易近人的性格歷來深受中國人以至世界人士的青睞與喜愛。自唐朝開始，中國就有向外國贈送熊貓的紀錄。據歷史記載，武后垂拱元年（685），武則天曾將兩隻「白羆」和 70 張「白羆」毛皮作為國禮贈予日本（「白羆」即大熊貓）。1941 年，宋美齡和宋靄齡向美國贈送一對大熊貓，被稱為「熊貓外交」的開端，亦是大熊貓在現代作為最高規格國禮的開始。新中國成立後，國家亦多次送贈或借出大熊貓給不同國家以示友好，可愛的大熊貓因而有了「外交使者」的稱號，並在全世界掀起一股大熊貓熱。

「安定繁榮、屢創佳績」
「繁榮歡樂、經濟豐盈」

中央政府先後於 1999 年和 2007 年贈送珍貴的國禮級別的大熊貓予香港，充分彰顯了國家對香港的關愛與高度重視。「安安」與「佳佳」、「樂樂」和「盈盈」四隻大熊貓定居海洋公園以來，陪伴香港走過高山低谷、逆境順境，為港人帶來無限歡樂與希望。在香港回歸祖國 25 周年之際，願香港能如四隻大熊貓名字的寓意般，在國家的全面支持下，繼續「安定繁榮、屢創佳績」、「繁榮歡樂、經濟豐盈」，相信這不僅是香港的期盼，更是國家對香港最美好的祝願！

2003 年 10 月 16 日，「何鴻燊博士搶救圓明園國寶捐贈儀式」在北京人民大會堂澳門廳舉行，時任國務委員陳至立與何鴻燊共同為豬首銅像揭幕。

（中新圖片提供）

港人貢獻國家文教發展

「文化興國，教育強國」，自國家改革開放以來，無數港人心繫內地文化教育的發展，並為此前赴後繼，出錢出力，憑着一腔愛國心、血濃於水的同胞之情，為國家文化和教育上的建設和發展作出巨大貢獻。自改革開放以來，香港各界人士數十年如一日，堅持奉獻，成就了內地一代又一代的年青學子，也讓香港和內地之間的愛與關懷一路傳承。另一方面，隨着國家日漸發展和強盛，在國家文物局的努力和香港社會各界人士力量的幫助下，不少流失海外的國家文物逐一回歸，為我國增強文化自信發揮了重要作用。

港人心繫國家教育　情義超越 25 載

港人支援祖國建設教育，由來已久。「十年樹木，百年樹人」，早在香港回歸前，國家改革開放之初，香港的企業家和市民就關注內地的教育發展，並對內地教育事業展開持續長期的捐助。而在回歸後，港人對內地教育事業的捐助和投入更是與日俱增。李嘉誠 1980 年成立李嘉誠基金會，並參與創辦汕頭大學，此後不斷捐資贊助其發展，回歸後又先後啟動長江學者獎勵計劃 / 長江成就獎、資助北京大學圖書館新館、清華大學「未來互聯網技術研究中心」、長江商學院等，長期捐助內地教育發展；田家炳終生致力慈善，1982 年成立田家炳基金會，捐助項目包括逾 200 間中小學、幼稚園及大學，回歸後更實現了資助全國所有師範大學的目標，所資助學校遍布全國，被譽為「百校之父」；邵逸夫自

2007 年 10 月 9 日，時任澳門特區行政長官何厚鏵和何鴻燊在澳門為「圓明園馬首銅像預展」揭幕。
（中新圖片提供）

1985年起，向國家教育部捐款以改善內地大量學校的辦學條件，回歸後又重點資助西部和中部貧困地區的教育事業發展，數十年來捐建的教育項目超過6000個；1986年，包玉剛帶頭捐資創辦寧波大學，回歸後其女兒包陪慶又成立包玉剛國際基金，為浙江大學設立講座教授席位，提升其教育國際水平。至於王寬誠、李兆基、霍英東、曾憲梓、鄭裕彤、蔣震、新鴻基基金會等亦熱心支持國家教育發展，眾多港商先後以各種方式，捐助內地的教育事業，冀國家日益富強，他們憑着一顆愛國之心，成為了內地教育事業的「及時雨」。

「香港好，祖國好；祖國好，香港更好。」港人助學內地，從來不遺餘力，有錢出錢，有力出力，有一分熱，發一分光。最溫暖人心的，是那顆始終與祖國緊密聯繫在一起的愛國心。國家強大，民族復興，是港人和內地同胞的共同願望。

1980、1990年代初，國家經濟實力尚待充實，民間也還不富裕，一些貧困地區教育缺乏經費，許多適齡兒童失學。為改變這一狀況，1989年10月，中國青少年發展基金會設立了國家第一個「救助貧困地區失學少年基金」，並實施「希望工程」，以援建希望小學與資助貧困學生為主要項目。「希望工程」在當年的香港掀起了捐資助學熱潮，社會各界紛紛伸出援手。內地許多省份都興建起由港人捐資援建的學校，而許多香港義工更親身遠至內地偏遠山區，為當地學童提供實際的援助；香港演藝界多年來亦為希望工程貢獻良多，不少知名藝人都曾參加慈善演出。多年來，逾600萬內地青少年受到希望工程的援助，接受教育。多年來，還有無數港人和香港社團通過「苗圃行動」、「無止橋」或其他方式，默默地為國家教育貢獻力量。回歸25年，時光荏苒，然而一直堅守不變的，是香港和內地延續不斷的濃情厚義，不管何時，重溫這些愛的故事，感動依然如初。

港商積極保育國家文物　捐獻祖國化私為公

除了熱心國家教育發展，不少港商亦積極參與國家文物保育工作，邵逸夫帶頭捐款支持敦煌石窟的文物保護，為國家文物事業的發展打好基礎；近年，陳啟宗和許榮茂捐款用於故宮養心殿保護工程，別具意義。

而隨着國家日漸發展和強盛，在國家文物局的努力和社會各界人士力量的幫助下，不少流失海外的國家文物逐一回歸。鴉片戰爭後的百餘年間，因戰爭、搶掠、盜鑿等流失海外的中國文物不下百萬件。中華人民共和國成立後，國家動員各方力量，積極搶救散失的珍貴文物，並成功爭取 300 餘批次共 15 萬餘件文物回歸。

港商在文物回歸中發揮了重要作用，曾任國家文物局局長的劉玉珠表示：「在 70 年搶救流失文物的偉大實踐之中，港澳愛國同胞始終是不可或缺的重要力量，他們秉承着拳拳愛國之心，搜求海外遺珍，捐獻祖國，化私為公，廣益民眾。」如在已回歸國家的七尊圓明園獸首銅像中，有兩尊都是在何鴻燊的推動下促成的。2003 年 9 月 18 日，何鴻燊斥資約 600 萬元人民幣自海外購回圓明園十二生肖豬首銅像，並捐予國家。2007 年 9 月 20 日，何鴻燊再以 6910 萬港元購得馬首銅像，後於 2019 年 11 月捐贈國家。豬首和馬首兩尊銅像價值不菲，又是當年國家被掠奪的文物，故曾有意見認為應循法律途徑追回國寶。儘管如此，愛國心切的何鴻燊依然堅定地表示：「為了能讓國寶回家，一切都是值得的。」港商為搶救流失在海外的文物作出巨大貢獻，亦帶動了更多有識之士參與保護中國文物，共同宣揚愛國家、愛民族的意識。

文化教育　薪火相傳

「黃金易得，國寶無二」，國家的每件文物都是獨一無二的，其背後的歷史和文化意義都是國家文化遺產不可分割的重要部分。文物的回歸，緊緊牽動着每個中國人的心弦，亦增強了我國的文化自信。而相比起有形的文物，無形的教育和文化對於國家也同樣重要，更關係到國家的未來發展。港商捐贈圓明園獸首的義舉，折射出港人對國家深沉的眷戀熱愛；而港人多年來捐助內地教育事業，亦反映港人和國家血濃於水的根脈親緣。回歸 25 年，港人參與國家文教事業的勢頭，方興未艾，展望未來，願更多年輕一代投入到國家文教發展中，為中華民族的偉大復興作出屬於自己世代的獨特角色和貢獻，薪火相傳，生生不息。

2019 年 11 月 13 日，圓明園十二生肖馬首銅像捐贈儀式在中國國家博物館隆重舉行，時任文化和旅遊部部長雒樹剛（右）與代表何鴻燊的何超瓊，共同為馬首銅像揭幕。（新華社提供）

2016年12月23日，時任香港特區行政長官梁振英（後排左四）在北京出席故宮博物院與西九文化區管理局興建香港故宮文化博物館合作備忘錄簽字儀式，時任政務司司長、西九文化區管理局董事局主席林鄭月娥（前排左）與時任故宮博物院院長單霽翔（前排右）在儀式上交換備忘錄。(Dickson Lee/South China Morning Post via Getty Images)

香港故宮文化博物館開幕
國寶出宮 璀璨香江

故宮——作為中國古代明清時期共24位皇帝的皇宮，不僅曾是古代國家運行的中心和最高權力的象徵，亦是薈萃中華傳統文化精萃和成果的殿堂。2022年，在香港特別行政區回歸祖國25周年之際，經過近六年精心籌劃及興建、位於西九龍文化區內的香港故宮文化博物館，在萬眾矚目中開幕。香港有幸獲國家授權建設故宮文化博物館，並可長期借用北京故宮博物院的藏品，不但體現國家對香港市民的關愛，亦彰顯國家充分支持香港於「十四五」以及粵港澳大灣區規劃中成為亞洲以至全球中外文化藝術交流之都。此後，香港市民除通過文字或圖片，或親身到訪神州大地之外，更可以直觀、近距離地欣賞中華文化之美，領略中華文明的源遠流長和博大精深。

國家贈禮　各界同心迎國寶

享譽全球的故宮博物院不僅是中國，亦是世界頂級博物館之一。擁有超過180萬套館藏珍品，是五千年華夏文明的結晶。長久以來，北京故宮博物院受限於場地空間及文物保養限制，每年只能展出萬多件文物予公眾觀賞，其餘的歷代珍寶都只能保存在收藏庫內。2015年12月，特區政府與故宮博物院經過多輪商討和研究後，向中央政府提交在香港設館的書面請求，隨即獲得各界積極響應和支持。香港賽馬會慈善信託基金更捐出35億元，資助博物館的設計、建造及策展；西九文化區董事局亦同意撥出園內部分土地作興建博物館之用。

2016年12月，時任香港特區行政長官梁振英及時任政務司司長林鄭月娥在北京與故宮博物院簽訂在港設館的合作備忘錄。根據備忘錄，故宮博物院將承擔藏品的借出和提供策展意見，西九管理局則負責展館的興建及營運。梁振英在儀式上表示，700萬香港居民和每年來港的2000萬旅客將有機會通過香港故宮文化博物館，了解中國歷史和中華文化。香港可以進一步促進中外文化理解，擴展中外人民友誼。2017年6月29日，在國家主席習近平見證下，時任政務司司長張建宗與時任故宮博物院院長單霽翔簽定香港時任故宮文化博物館的合作協議，香港故宮文化博物館項目正式展開，並於翌年開始興建場館。

獨特設計　傳統元素融入展館

2022年，經過四年如火如荼的精心建設，香港故宮文化博物館終於落成。作為北京故宮博物院在內地以外的首個合作項目，香港故宮文化博物館承載着以建築設計詮釋歷史，以建築空間守護文物的特殊使命。博物館位於文化區西端，面向維多利亞港，佔地約13,000平方米，由香港著名建築師嚴迅奇負責設計，靈感取自中國傳統建築與香港城市景觀，把古今中外不同的設計特色融合於外觀和空間布局之中。

以現代語言重新詮釋故宮元素，為香港故宮文化博物館在設計上的最大特色。博物館的建築主體借鑒中國傳統器物「上寬下聚，頂虛底實」的結構，利用混凝土斜柱呈現出有如方鼎的傾斜外形。建築外牆採用玻璃幕牆和不同類型的金屬裝飾面板，令整座展館在日光照耀之下流光溢彩。此外，展館內部仿效故宮中軸水平遞進的布局，三個中庭以垂直遞進方式把不同樓層連成一體，參觀者得以在中庭內飽覽博物館廣場、港島沿岸與大嶼山一帶的和諧景觀，符合香港「中西合璧」文化氣息的同時，又與周邊景觀和建築融為一體，充分體現中華文化對美學的追求。

扎根香港　華夏藝術走入社區

香港故宮文化博物館共有九個展廳，面積達7800平方米，展示由北京故宮博物院精選的珍貴藏品。914件書畫、器物和古籍當中，有166件是國家一級文物，更是該院首次向境外博物館借出超過120套文物展品。開幕初期，博物館設有五個專題展覽，分別以紫禁城的日常生活、明清御用瓷器、清宮帝后肖像及清代工藝為主題，訴説宮廷內的人和事，多角度介紹故宮的歷史文化。展館另設有兩個名為「同賞共樂——穿越香港收藏史」和「古今無界——故宮文化再詮釋」的專題展覽，分別展示香港公私營博物館收藏的藝術品及香港青年藝術家回應故宮文物的創作，為不同年齡和階層人士提供各種多媒體互動體驗活動，務求將故宮文化，扎根於香港社區。

2017 年 6 月 29 日，在國家主席習近平、時任香港特區行政長官梁振英、候任香港特區行政長官林鄭月娥的見證下，時任政務司司長張建宗與時任故宮博物院院長單霽翔在香港簽署《興建香港故宮文化博物館合作協議》。（中新圖片提供）

香港向來是展示中國故宮藏品的重要境外地區。1980 年，北京故宮博物院首次在港舉辦文物展覽。當時故宮博物院與中華書局香港分局合作舉辦一個為期十日的藏品畫及複製品展覽，除展出明清時期官廷御用的文房四寶外，更展出十幅真跡藏畫，包括明代名畫家唐伯虎所畫的《錢塘景物圖》等，是新中國成立後首次於內地以外地區展出。2007 年，為慶祝香港特區成立十周年，北京故宮博物院與香港藝術館合辦「國之重寶——故宮博物院藏晉唐宋元書畫展」。該次展覽展出 32 件珍品，包括首次離開內地展出的國寶級名畫《清明上河圖卷》，兩個月內共吸引接近 16 萬人次入場參觀，創下當時藝術館最高參觀人次紀錄。2012 年，康樂及文化事務署與故宮博物院簽訂合作協議，雙方決定每年在港合辦一項大型專題展覽。該計劃深受公眾歡迎，2012 至 2015 年間，康文署與故宮博物院共合辦了三場大型特別展覽，分別為「頤養謝塵喧——乾隆皇帝的秘密花園」、「國采朝章——清代宮廷服飾」以及「西洋奇器——清宮科技展」，合共累計超過 42 萬入場人次。

香港故宮文化博物館的設立是國家贈給香港的一份厚禮，讓港人能更深入認識故宮珍藏及歷史。香港故宮文化博物館以各種嶄新的策展手法，推動大眾透過故宮從而了解、研究及欣賞中國藝術和歷史。香港故宮文化博物館館長吳志華亦表示新展館會積極在香港社區層面，推進中國文化和歷史的教育工作，特別是針對年輕人和學生，為其提供生動有趣的文物研習活動，從中認識中華文化的源遠流長，以及中華民族優秀的文化傳統，增強他們對國家的認同和文化自信。

放眼世界　説好中國歷史

在承傳文化、教育香港大眾的同時，香港故宮文化博物館亦肩負着把故宮帶向世界舞台、提高國家文化軟實力的重要使命。國家主席習近平於 2017 年到訪西九文化區時，曾表示希望香港能弘揚中華優秀傳統文化，發揮中西文化交流平台的作用。2019 年，《粵港澳大灣區發展規劃綱要》中亦明確提出香港故宮文化博物館為大灣區的重點文化項目，顯示香港在國家文化發展宏圖中的重要角色。

香港作為東西文化薈萃的國際都會，一直與世界各地的文博單位保持緊密的伙伴關係。香港故宮的首批特別展覽之一「馳騁天下——馬文化藝術」，將展出逾 100 件與馬有關的故宮文物和法國羅浮宮博物館藏品，並以香港的獨特角度策劃展覽，促進中華文明與世界不同地域之間的文明對話。未來香港故宮文化博物館亦將繼續善用這個優勢，帶入全球視野和人脈資源，成為故宮通向世界的「南大門」。

2022 年，香港故宮文化博物館在回歸祖國 25 周年之際隆重開幕，離不開國家和社會各界的支持。國家開創歷史先河，在香港設立故宮文化博物館，充分體現對香港的關愛和期望。香港與國家血脈相連、文化相承，願香港接受這份「厚禮」的同時，亦能擔負起傳承中華文化的重任，並如吳志華所願：「以守護故宮傳統、弘揚故宮文化為職志，以新思維、新眼光向世界傳播故宮文化，講好故宮文物的故事，展現中華文明的博大精深，讓世界更好地了解中國。」

2018 年 5 月 28 日，香港故宮文化博物館舉行動土儀式，標誌博物館的建築工程正式啟動。（香港特別行政區政府提供）

2020 年 9 月 9 日，時任香港特區行政長官林鄭月娥到訪中山紀念公園體育館的臨時氣膜實驗室，感謝內地核酸檢測支援隊，並為隊員打氣。（中新圖片提供）

國家支援香港對抗新冠疫情
香港有求國家必應

「一方有難，八方支援。」2019 年底的一場新冠肺炎，令全世界陷入困境，香港在兩年間經歷五波嚴峻疫情，經濟受創、醫療系統多次超出負荷。幸而香港在五波疫情之中，得到中央及時援助，以及源源不絕的物資和配套供應。國家時刻關切香港疫情，和港人渡過了一次次的難關。

疫情雖然令香港和內地交通受阻，卻無阻國家屢屢在關鍵時刻對香港雪中送炭，即使內地疫情同樣出現起伏，國家仍毅然動員全國支援香港抗疫。而自疫情初發，香港各界亦通過多種方式支援內地抗擊疫情、關懷受疫情影響的內地同胞。

2019 年底開始，新型冠狀病毒肆虐全球，截至 2022 年 4 月，已有超過 4.9 億人感染，618 萬人死亡。面對疫情挑戰，國家嚴密防控，作為一個 14 億多人口的國家，在新冠感染率、死亡率至今保持全球最低

2022 年 3 月 2 日，大批內地支援香港的醫療用品抵港，時任香港特區行政長官林鄭月娥迎接滿載 18 個貨櫃的物資。國家在疫情嚴峻之時，仍全力確保對香港物資的穩定供應。 （Chen Yongnuo/China News Service via Getty Images）

水平，疫情防控取得重大成果。2022 年 1 月，中國工程院院士鍾南山指出，中國全國感染率僅為每 10 萬人 9.4 人，死亡率為每 10 萬人 0.4 人。2022 年 3 月，國際醫學期刊《柳葉刀》指出，新冠大流行期間，全球超額死亡估計達 1820 萬人，超額死亡率為每 10 萬人 120 人，美國超額死亡率每 10 萬人 179 人，中國超額死亡率僅為每 10 萬人 0.6 人。而香港在中央堅定不移的支援下，疫情已逐漸受控。港人和內地同胞患難與共、風雨同舟的這份溫情和厚誼，有如將大眾心心相連的一陣暖流和春風。

首波疫情　互送暖意

在全球化的今天，注定無人可以從全球性的疫症中置身事外。隨着疫症開始傳入本港，確診個案上升，香港亦出現爭相搶購醫療、糧食物資的情況，口罩供應嚴重短缺，甚至被高價炒賣，日用品和糧食被搶購一空，人心惶惶。時任香港特區行政長官林鄭月娥在 2020 年 2 月初表示，香港雖然在全球採購醫療物資，到貨的卻不足十分之一，形勢嚴峻。

就在香港陷入「口罩荒」、「物資荒」的緊要關頭，中央及各部委、各省市得悉香港情況後，在內地確診個案也已近 40,000 宗、醫療物資同樣短缺的情況下，義無反顧向港人伸出援手，優先處理對香港的口罩供應。短短一周之內，1700 萬個內地製口罩隨即抵港，迎來一場令香港市民安心的及時雨。國家對港人的關愛，以至於此，怎教人不感動！

除了醫療物資供應，香港在首兩波疫情下，亦受惠於內地各部門在方方面面措施上的配合以及力所能及的幫助。當港府宣布加強口岸管控，國家迅即停發香港旅遊簽注，又為香港調整鐵路服務安排，協調內地航空公司減少飛港航班等。甚至在內地各地封城的同時，廣東省仍承諾對港源源不絕的水果、蔬菜、奶、糧、油，以及活豬供應等，確保了香港市民日常消費的穩定。在國家的愛護下，儘管疫症肆虐，自疫情至今，香港大多數市民的日用所需仍得到全面保障。對比世界上其他受疫情影響的國家和地方，不得不說香港在國家的支援下已是相當幸福。

建方艙助檢測　中央全力支援

2020 年 7 月，第三波疫情自外地海員及機組人員傳入香港，疫情在社區爆發。第三波疫情令本港醫療系統幾近崩塌，特區政府防控疫情的努力面臨嚴峻挑戰。

此時，由於內地已經在國家領導下成功控制疫情，成為世界上少數控制住新冠疫情的國家，香港各界紛紛向中央表達求援意願，冀以內地的成功抗疫經驗，協助香港渡過難關。中央政府反應迅速，在 8 月即應特區政府請求，協助將大嶼山亞洲國際博覽館建設為「港版方艙醫院」，加建 1000 張負壓病床；並在亞博館二期建「港版火神山醫院」，設 800 至 1000 張負壓病床，以紓緩病床短缺的壓力。

面對第三波疫情，特區政府雖然作出種種努力和嘗試，如數度收緊防疫措施、限聚令收緊至兩人、各大場所關閉、限制食肆堂食營業至 6 點等，但疫情卻依然嚴峻。為此，時任香港特區行政長官林鄭月娥在 2020 年 8 月 21 日宣布，香港於 9 月 1 日展開新冠病毒普及社區檢測計劃，為市民提供一次「願檢盡檢」的免費病毒檢測，希望實現「早識別、早隔離、早治療」的目標，盡快切斷病毒社區傳播鏈，使香港經濟民生早日恢復正常。無奈香港的醫療體系不足以應付如此龐大的檢測量。在這艱難情況下，國家為協助本港提高核酸檢測能力，國家衛建委火速派遣廣東醫療隊構成的「內地核酸檢測支援隊」到港支援，港府亦將香港中山紀念公園體育館，改作為華大基因的「火眼實驗室」之用。

2022 年 3 月 5 日，時任食物及衛生局局長陳肇始、保安局局長鄧炳強陪同梁萬年教授率領的內地專家團到訪青衣方艙醫院，了解設施運作情況，以及商討香港在社區隔離方面的策略。內地專家團就香港抗疫工作提出寶貴意見和指導，協助特區政府深入研判疫情發展，加強「早發現、早隔離、早治療」的措施，是中央為香港帶來的重大支援之一。

（香港特別行政區政府提供）

「火眼實驗室」由向深圳申請物資、獲批、運送，16 個流動充氣實驗室搭建，到五個實驗室完成鋪設電線、網線及保護層等，在短短一周時間內，已將香港每天檢測量由約 10,000 份，大幅增加至 20 萬份。這一切要歸功於來自廣東、廣西、福建三省，575 名臨危受命的內地核酸檢測支援隊員，連續 14 天保持「火眼實驗室」24 小時不間斷運轉，共完成 178.3 萬餘個樣本檢測，使社區檢測計劃在 9 月 14 日如期完成。

有隊員受訪時笑言，自己為此檢測放棄了在內地的重要考試，有人甚至為此推遲婚期。他們明知道支援工作辛苦，仍義無反顧來到香港，為的都是廣大港人的健康和福祉。這體現了中央和內地對香港的真誠關心和支持，也體現了中央政府人民至上、一切為了人民的執政理念。

內地核酸檢測支援隊的無私奉獻與交流，使香港接下來更有底氣及經驗面對第四波疫情。

第五波疫情嚴峻　中央再施支援

可惜，疫情在 2021 年聖誕節後再度復熾，傳染性極強的 Omicron 變異病毒 BA.2 亞型，於 2022 年 1 月 10 日由檢疫酒店流入社區後急速擴散，2022 年農曆新年後疫情進一步惡化。染疫人數幾何級數上升，檢測進度嚴重滯後，醫院、隔離措施遠遠超出負荷。香港再次出現藥物、糧食等生活必需品的搶購潮，情況嚴峻。

特區政府向中央提出請求，希望派員協助興建更多社區隔離措施。中央政府對此毫不猶豫，慷慨再施援手，先後派出重症、防控等三批專家組來港。更應特區政府請求，組建了由高水平專家組成的中央援港抗疫中醫專家組來港，就中醫藥治療患者及預防重症等方面提供指導和建議，國家同時亦捐贈逾 45 萬盒中成藥，及時緩解港人「藥荒」。

此外，中央又再次協助援建青衣、前新田購物城、元朗潭尾和洪水橋四所方艙醫院。援港工人徹夜不眠趕工，為了香港抗疫的勝利，極速建成 17,000 個隔離單位。

國務院港澳辦發言人 2 月 10 日表示，一直協調廣東省，統籌好粵港疫情聯防聯控和保障跨境物資運輸工作，保障對港蔬菜、鮮活食品和其他日用必需品的供應。

廣東省和深圳市政府亦為香港社會的需要作出許多特別安排，如調動各方力量發動多間內地企業，確保物資安全穩定、及時充足地供應香港，使冰鮮肉類、乳製品、蔬菜、活豬活魚的供應從不間斷。這一切全都為保障香港市民的生活和福祉，體現了國家對港人的愛護。

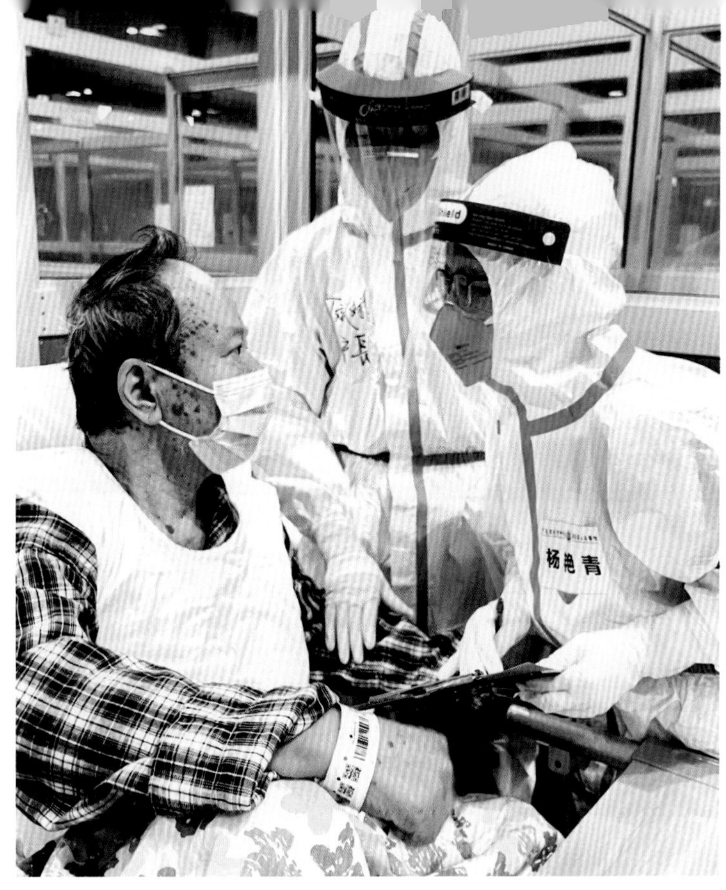

內地醫護對患病老人家細心會診。
（香港大公文匯傳媒集團提供）

25 年援助只增不減　國家是永遠的靠山

兩年的抗疫路上，這寸方土曾什麼都缺，口罩、檢測人員、疫苗、方艙醫院等等，但惟獨最不缺的，是國家無條件的支持和關愛。這份堅實的支持與保障，從未間斷。

同舟共濟，團結一心。在疫情中，內地和香港守望相助，在國家對香港屢施援手的同時，香港各界在內地初發新冠病毒的早期，亦曾大力支援內地抗疫，為同胞打氣送暖。據不完全統計，由 2019 年底武漢首波疫情初發至 2020 年 2 月初，香港社會各界已經透過各種渠道，向內地捐款逾十億元人民幣，還從海外採購了口罩、護目鏡、防護服、手術衣、醫用手套、酒精消毒液等防疫物資和醫療設備，送往內地抗疫最前線。港區全國人大代表、全國政協委員、港區省級政協委員，工商界、僑界、專業界、宗教界、婦女界等香港各界團體、機構、企業和社團，均盡其所能向內地伸出援手，心繫內地疫情。所謂聚沙成塔，除了各界踴躍捐贈物資，斥巨資採購物資予內地同胞，普羅市民也自發捐款，積極行動，以各種方式大力支援祖國的抗疫工作，其中更有港人身體力行投身抗疫前線，從香港開 18 小時的車到內地，只為將 20,000 隻醫用口罩及時贈予有需要的同胞。在前所未有的疫情之前，香港社會上下一如既往，首先想到的便是援助內地同胞，與祖國患難與共，為國家的抗疫工作盡一分力。

回歸 25 年來，香港經歷過無數次難關，2003 年的 SARS 疫情、2008 年的金融海嘯等，跨越冬與春，經歷死與生，而每次香港最無助之時，都是國家雪中送炭，為全港市民送上溫暖和祝福。

回歸 25 年之際，香港雖仍在抗擊疫情，但正如多年來國家和港人渡過的風風雨雨一樣，在中央支持和內地同胞援助下，港人定當戰勝疫情。香港從沒有打不贏的戰役，因為危難時刻，祖國永遠是香港的堅強靠山。

（新華社提供）

主題二

血濃於水　同舟共濟

概述

2022年，香港迎來回歸祖國懷抱的第25年。經過四分一世紀的發展，內地與香港共同享受着國家發展帶來的機遇，亦攜手克服各種挑戰。25年來，內地與香港不斷面對各種難關，但每一次都能順利渡過，全因港人與內地同胞無私奉獻和守望相助，互相成就，一起走得更高更遠。

這些年來，內地與香港患難與共、風雨同舟，從國家為港人建設東深供水系統，到港人為全國奔跑的復明行動，以及歷次天災下內地與香港共赴患難、誠心互助的精神，都共同銘記於港人與內地同胞的心中，成為聯繫內地與香港情感的紐帶。國家與香港的關係，從來都不計代價、不吝成本，只盼家人同胞一切安好。

飲水思源，在作為生命泉源的水資源身上，已可見國家對香港的關愛。1960年代香港遭逢嚴重大旱，全港制水，數百萬市民生活頓陷困境。時任國務院總理周恩來得知香港缺水情況後，親自拍板引東江水供港。在資源匱乏的年代，國家毅然斥巨資、傾人力為香港民眾展開「東深供水系統」工程，不計成本，只為了血脈相連的廣大香港民眾的福祉。「東深供水系統」工程至今歷經三次擴建，內地與香港更於2003年合作將東深供水工程徹底改造，如今已為香港、深圳和東莞三地2400多萬居民提供生活、生產用水，滋養內地同胞及港人的健康、生活與經濟發展。

國家如此重視港人福祉，港人亦對國家有割捨不斷的情感，亟欲回報國家這份厚愛。1997年開通的健康快車，便是其中的表表者。當時，香港社會為回饋內地多個省市送來的回歸賀禮和心意，決定以香港市民的名義，送出一份能走遍全國的「移動的禮物」，為內地偏遠地區患有白內障的貧困同胞免費提供眼科手術，讓他們重見光明。快車將港人對國家的濃情和對內地同胞的關懷，傳遍神州大地，傳進萬千同胞的心中。

患難見真情。祖國幅員廣大，發生天災，固然不幸，但從天災的救助中，我們也可以看到一脈相連的真摯情誼。2008年5月12日，四川省汶川縣發生黎克特制八級大地震。消息傳來，特區政府隨即參與救援工作，社會各界四出奔走、張羅物資，市民踴躍捐輸，支援救災。從那年開始，特區政府對四川災區展開持續八年的援建工作，期間投入超過100億港元，援建190個重建項目，涵蓋公路、教育、醫療等領域。多個香港民間組織和無數由香港市民組成的義工往返災區，投身於援建工作。過程中，香港和內地的專家團隊和施工人員不畏艱辛，排除萬難，風餐露宿，為的只是災區同胞能重新過上好日子。所幸，如今四川地震災區已在國家領導以及各方持續不懈的努力奉獻下成功重建，未來一片光明，這正正是香港與內地情誼鮮活的印記。

全球化之下，新型疫症多發。同樣地，面對疫情，港人與內地同胞攜手在2003年對抗SARS（非典型肺炎）疫情，以及2019年新冠疫情，再次體現血脈相連、患難與共的情誼。2003年初春，SARS悄然襲港，造成299人死亡，嚴重打擊香港經濟和醫療體系。當時內地疫情亦相當嚴峻，但中央政府仍為香港及時送上急需的醫療物資，並從全國精選200名護士，時刻準備馳援香港，成為港人抗疫的一注強心針，亦充分體現中央政府時刻將港人的健康和福祉記掛在心頭。在疫情緩和後，中央政府又協助特區政府遊説世衛組織取消對香港的旅遊警告，並先後為香港推出CEPA和「個人遊」計劃，成為香港疫後經濟復蘇的重要契機，種種惠澤港人的措施，一直延續至今。而疫情期間，為對抗具高度傳染性的SARS病毒，粵港建立通報機制，兩地醫療專家通力合作，緊密交流，並肩抗疫，最終取得成果。在香港全力對抗SARS的時候，香港市民仍踴躍捐款，迅速籌得約一億元支援內地的抗疫工作。兩地人民無分你我、相濡以沫的心連心精神，至今仍令兩地民眾記憶猶新。

25年過去了，國家和香港一路走過重重考驗和挑戰，始終迎難而上，為社會發展和人民福祉堅持奮鬥。正如香港自回歸以來所走過的非凡道路一樣，面對新冠疫情考驗，香港定能在中央的領導和支持下，克服逆境，為香港社會的繁榮穩定而努力，為實現中華民族偉大復興的中國夢而奮鬥。

健康快車自 1997 年啟程起，為有需要的內地同胞提供免費的眼科手術，改變了不少人的生命。圖為一名年過七旬的患者在手術後對護士表示感激。

（南華早報出版有限公司提供）

健康快車 為民眾復明而奔跑

眼睛是靈魂之窗。世界衞生組織（WHO）估計，2020年全球白內障患者超過6500萬人。港人早在1997年回歸祖國之初，已關切內地同胞的眼疾問題，並作出龐大計劃，以「政府支持、民間組織、社會參與」的形式，設立一列彩虹色的列車，提供移動的免費眼科醫院，讓患有眼疾但無法負擔手術費的內地同胞重見光明。截至2022年1月22日，這輛「健康快車」已在內地行駛25年，成為國家重要的衞生扶貧項目之一。當初計劃走訪全國的健康快車，如今已駛遍28個省市自治區，共停靠196站，所到之處，讓超過22萬名內地同胞重見光明，被譽為「光明使者」。

這名為「健康快車」的列車，是1997年香港回歸時，香港民間贈送給內地的禮物。當年在內地患有白內障而致失明的人士達400多萬，而眼科手術價格不菲，不少偏遠地區人民未能得到適當的治療。

有見及此，「香港明天更好基金」借鑑印度的「生命列車」流動醫院，將「健康快車」列為提供白內障手術的專車，穿梭於內地偏遠及貧困的地區，在當地政府及香港眼科醫生義務幫助下，免費為白內障患者提供手術及治療，發揮港人與內地同胞互相關懷的精神，盼為國家全面建成小康社會的目標盡一分力量。

「回歸還禮」 貫穿全國

談起這列火車的緣起，要數到「香港明天更好基金」創辦人之一、牽頭設立健康快車的方黃吉雯的經歷。她在快車設立時曾表示，自己在 1996 年初加入香港特別行政區籌備委員會，籌備香港回歸的事務時，發現內地很多省、直轄市、自治區都給香港準備了回歸禮物，有屏風、花瓶、雕刻等，認為香港亦應回送內地一份禮物，答謝國家以及各省市歡迎香港回到祖國懷抱的熱情。

方黃吉雯於是建議，香港應送出一份可以貫穿全國的「會動的禮物」。時任國務院港澳事務辦公室主任魯平對此表示支持，更主動為港牽線，聯繫國家衛生部、鐵道部負責人商量。1996 年 10 月，方黃吉雯和時任衛生部副部長殷大奎，以及鐵道部、港澳辦等一行十人，前往印度考察。雖然印度的「生命列車」提供白內障、小兒麻痺、結紮等手術，但考慮到安全問題以及我國國情，最終落實決定先專注醫治白內障。

2005 年 7 月 17 日，患者家屬為林順潮醫生（右二）送上哈達，以表示對其協助患者重見光明的敬意。（新華社提供）

1997 年 7 月 1 日下午，健康快車香港基金創會主席方黃吉雯陪同時任香港特區行政長官董建華，在紅磡火車站代表香港致送首列「健康快車」火車醫院予內地同胞，並由時任港澳辦主任魯平代為接收。（健康快車香港基金提供）

這列由三個車廂組成的火車醫院，利用內地完整的鐵路網，到偏遠貧困地區贈醫施藥，以先進的顯微鏡手術替白內障患者割除混濁的水晶體，植入人工晶體，僅需一小時就可以完成手術，患者在短短數天內即可重見光明。

為了籌募約 1000 萬元人民幣的列車建造費，以及至少兩年的項目經費，香港各界的有心人成立了「健康快車香港基金會」，盼聚集香港政商各界宣傳籌款，為這份禮物出一分力。國家對「健康快車」項目給予肯定和大力支持，時任國務院港澳辦主任魯平不遺餘力，與剛當選為首任香港特區行政長官的董建華，一起出面呼籲企業家為健康快車捐款。

走遍全國　帶來光明與彩虹

健康快車的工作，自一開始就得到國家領導人的充分肯定和支持。作為流動的慈善眼科醫院火車，「健康快車」配有世界一流的眼科醫療設備，由國家衛生部、鐵道部、國務院港澳辦、健康快車香港基金會負責工作，衛生部選派優秀的眼科醫生，為患有白內障的貧苦患者提供免費復明手術，運營經費則來自香港的基金會和中華健康快車基金會。此後，基金會更一步步找尋地方機關協助，由於要將偏遠地區病患聚集起來治病，並不容易，故當時內地各省市對於這陌生的「救盲行動」，一時之間也是躊躇不前。

幸而不久之後，在安徽阜陽政府的率先支持，帶頭參與下，各省市陸續響應，協助將分散在不同鄉村的貧困病患帶上列車，讓那些大半生都活在眼疾所帶來的黑暗中的同胞，重新得見國家的美好山河與彩虹。

1997年6月30日晚上，第一列健康快車順利到達九龍紅磡站。7月1日，「健康快車」在香港舉行交車儀式，正式投入服務。據方黃吉雯憶述，董建華在捐贈儀式上曾對她說，「這火車這麼好，怎麼可以只有一列？應該有三列、四列」。

「健康快車」卓有成效，自1997年起長期駐在內地，每站約停留兩至三個月，一年共服務八個月左右，其餘時間則是休息維修期，投入服務不到一年，已成功使1000多名白內障患者重見光明。有見反應良好，「香港明天更好基金」在1999年決定斥資2000萬港元，送贈第二列、設有四卡車的「健康快車」給國家，慶祝中華人民共和國成立50周年。

方黃吉雯當時表示，「也許最初贈送健康快車的想法較為簡單，而隨着快車在內地工作愈久，愈令人感受到它存在的意義遠遠超出當初估計，理由是香港『健康快車』使內地群眾真切地感受到香港市民的關懷和愛心」。

在董建華的關心和敦促下，第二列及第三列健康快車分別於1999年11月及2003年3月正式投入服務，均是由港人捐贈；第四列健康快車於2008年開始建造，至2009年2月20日出廠，由中國石油化工集團公司捐建，命名為「中國石化光明號」，每年可讓至少10,000名白內障患者得到復明的機會，重過新生活。到了2019年3月25日，第一列健康快車（25G型客車，編號G1997.7.1）完成使命，正式退役，該列車在2007年進行了大修翻新，持續服務時間長達22年，在這組列車上復明的貧困白內障患者達80,000人。雖然第一列健康快車的使命完結，但港人對內地同胞的愛卻永不熄滅。

同心同行　連繫祖國走向明天

「救助貧困，播撒光明」，是健康快車成立的初心，而到了2022年的今天，國家已達成全面建設小康社會的目標，老百姓患上白內障的情況已經沒那麼嚴重，這列「健康快車」也一直跟着祖國進步，自2015年起也資助病人進行免費的「糖網病」篩查，以及早發現百姓因糖尿病所引發的眼睛病。

「授人以魚」亦「授人以漁」，火車醫院亦已成為一所教學醫院，為服務地方的內地基層眼科醫生提供實習和培訓機會，以幫助地方的眼科醫療發展，造福更多有需要的眼疾患者。在外交部支持下，2016 年 11 月，健康快車組織北京協和醫院醫療隊出訪斯里蘭卡，為當地約 500 位白內障患者免費治療。

對於內地偏遠地區居民來説，香港回歸可能與自己的日常生活有點距離，但由香港民間所贈送的「健康快車」，卻令他們切實感受到港人對祖國、對血濃於水的同胞的那份真切的關懷和愛心。這份誠摯的心意，使飽受白內障煎熬的萬千同胞重見光明，再拾工作能力，走上脱貧之路。健康快車是一列播撒光明的醫院火車，更是連繫香港與內地同胞情義的感情紐帶。回歸 25 年，健康快車將繼續將港人的心意和溫暖送給更多內地有需要的同胞，讓他們重拾光明的喜悦，與他們一起攜手走向希望、走向美好的明天。

「健康快車」猶如一抹彩虹，穿過高山低谷，為民眾復明而奔跑。（健康快車香港基金提供）

1998年9月17日，香港特區「齊心同抗長江水賑災大行動」捐款交贈儀式在北京舉行，時任民政事務局局長藍鴻震（左三）將港人向災區捐贈的3300萬港元轉交時任國家民政部部長多吉才讓（左二）。（新華社提供）

1998年 支援國家抗洪救災
情深義重 共抗洪災

長江全長6300公里，與黃河並稱為孕育了中華文化的「母親河」。但長江自古以來一直存在水患問題，古往今來，長江流域就發生過多次大洪水。1998年的長江特大洪水，影響尤為嚴重。

1998年氣候異常，為百年來中國最暖的一年，洞庭湖畔在該年的6月反常降雨。在百年罕見的強降雨下，長江水位高漲，使得其流域沿岸發生百年不遇的特大洪水。長江險情頻生，沿途流域頓成澤國，一片告急之聲。1998年6月中旬至9月上旬，包括長江流域的華南，以及東北的嫩江、松花江流域均出現歷史上罕見的特大洪災。截至當年的8月22日，全國共有29個省、自治區、直轄市遭受不同程度的洪澇災害，當中以江西、湖南、湖北、黑龍江、內蒙古和吉林等省區受災最重。

中央義無反顧　子弟兵走在抗洪最前線

為了保護百姓的生命財產，中央義無反顧，人民子弟兵為人民走在最前線。1998年8月14日，時任國家主席江澤民在湖北抗洪搶險第一線發表《奪取長江抗洪搶險決戰的最後勝利》的講話，勉勵廣大軍民堅定信心，嚴防死守，決戰到底。8月17日早晨7時，長江水位達45.19米；上午11時，洪峰通過號稱「天下第一磯」的觀音磯時，水位更達到了破紀錄的45.22米。這也是1998年洪水中荊江的最高水位。那年，長江、松花江和嫩江三江咆哮，全國南北皆陷水患之中。根據國務院發布資料顯示，國家在九八抗洪投入兵力27.4萬人，其中17.8萬人部署在長江中下游，10.08萬人在松花江和嫩江地區抗災。面對洪流，解放軍官兵奮不顧身，用生命詮釋人民至上，以血肉之軀築成人堤，守護堤後千萬民眾的安危，不少在抗洪中英勇犧牲。洪水滔滔，各地告急，情勢迫在眉睫。

1998 年 8 月 13 日，油麻地小販在新填地街自發為長江水災災民籌款。
（南華早報出版有限公司提供）

眾志成城　攜手共渡

當時，香港剛回歸祖國不久，也經歷一場驚心動魄的亞洲金融風暴，元氣大傷。儘管如此，在經濟難關之中，港人毅然發起募捐活動，與內地同胞風雨同舟，並以驚人的捐款額，再一次向世界展現了香港和內地那一份難以割捨、血脈相連的同胞之情。

長江險情告急，消息傳來，使無數港人的心為之牽動。透過電視螢幕和新聞報道，一幕幕人民子弟兵前赴後繼，為保護百姓捨生忘死的英勇之姿，極大的震撼了香港社會。同胞有難，一呼百應。1998 年 7 月 31 日，特區政府賑災基金諮詢委員會撥款 300 萬港元給香港紅十字會，以緊急援助江西、湖南、湖北等地遭受水災影響的災民。8 月 7 日，在時任香港特區行政長官董建華呼籲下，全港市民踴躍支援災區，該委員會又撥出 900 萬元投入賑濟救災的工作當中。

1998 年 8 月 15 日，無綫電視舉行「齊心同抗長江水賑災大行動」，為水災災民籌款。（南華早報出版有限公司提供）

1998 年 8 月 5 日，救世軍工作人員整理醫療物資，贈送內地水災災民。
（南華早報出版有限公司提供）

為了在水深火熱中的內地同胞，香港社會各界眾志成城，隨即發起了全港性的募捐賑災活動，並得到廣大市民的熱切支持。港人迅速結集力量，在最短時間內為內地同胞送上及時而有力的援助。8 月 14 日，亞洲電視和有線電視攜手舉辦「長江災情告急」活動，呼籲民眾捐款，並舉行賑災拍賣。次日，東華三院、仁濟醫院及無綫電視合辦了「齊心同抗長江水賑災大行動」，為災民籌款。8 月 21 日，由民政部、文化部共同舉辦的「攜手築長城」大型賑災義演在人民大會堂舉行，眾多香港藝人響應登台獻藝義演募捐。此外，多個團體在香港各區舉辦籌款賑災活動，其中救世軍在籌款記者發布會上彙報了在湘西水災災區所見的情況，東方紅藥業當場就捐出一批價值 600 多萬港元的藥品予救世軍轉運災區。與此同時，香港各大報章連日報道，呼籲賑災；油麻地近百名商販一天就義賣了 20 多萬港元水果；各間商場、巴士站和加油站的捐款點，人潮如鯽，市民爭相捐獻。據統計，在這次水災中，香港共捐款 6.8 億元，在全球捐款的地區中位居第一。

血脈濃情　心心相連

天災往往非人力所能為，但港人對內地同胞的深意濃情，將「天災無情人有情，兩地同胞心連心」的情義鐫刻在人們心中。在中央的有力領導和全國軍民上下一心、努力奮戰下，到了 9 月 4 日，抗洪救災終於宣告勝利。每當內地需要賑災救災，港人都慷慨解囊、傾力相助，並積極參與救援和災後重建工作。本着「血濃於水」的精神，萬千港人心繫家國，多年來默默為國家貢獻自己的愛心和力量，港人的善心善舉讓人為之動容。面對一次又一次天災、一個又一個難關，兩地人民守望相助、攜手共度，狂風暴雨無阻兩地人民的情義，反而加深了彼此的聯繫，拉近了彼此心與心的距離。一次次義無反顧的傾情付出，一幕幕令人無法忘懷的動人場景，港人和內地同胞之間的情義將在我們的心中世世代代永遠傳承下去。

2003年5月8日，時任香港特區行政長官董建華（左四）在深圳皇崗出席中央政府支援香港抗擊SARS醫療物資交接儀式。國家在港人抗疫的關鍵時刻，雪中送炭，這份情義永遠銘刻在港人的心裏。（香港特別行政區政府提供）

抗SARS疫情
同心抗疫
風雨同舟

香港，是舉世聞名的國際大都會，更是國家一顆璀璨的「東方之珠」。2003 年初春，SARS（非典型肺炎）悄然來襲，令這個地方經歷一場前所未有的嚴峻考驗。由 2 月 21 日本港發現首宗確診個案，至 6 月 11 日發現最後一宗個案期間，SARS 導致 1755 人染疫，299 人死亡，其中包括八名為香港市民而殉職的醫護人員。

SARS 疫症突如其來，嚴重打擊香港的經濟和醫療體系。當時香港仍未完全走出 1997 年亞洲金融風暴的陰霾，市道疲弱，經濟低迷，失業率高企。疫情肆虐，市民不敢外出，市面一片蕭條。史無前例的 SARS 病毒，讓醫護人員承受巨大的身心壓力，也令全港醫院面臨病床不足、人手短缺等挑戰。3 月 26 日，當時全港唯一的傳染病醫院瑪嘉烈醫院須被指定為 SARS 醫院，由 29 日午夜起關閉急症室，只接收 SARS 病人。4 月 2 日，世衛組織對香港發出旅遊警告，呼籲遊客如非必要，應避免前往香港，令香港經濟雪上加霜。

歷史告訴我們，每一次香港遭遇困難，中央政府和國家總是義不容辭，全力支援，是香港最堅強的後盾，這點在這次對抗 SARS 的戰役中也不例外。從 SARS 初發開始，中央政府就一直關心和支持香港特區的抗疫工作。4 月 12 日，時任國家主席胡錦濤在深圳會見時任香港特區行政長官董建華時說：「中央政府高度重視廣大香港同胞的福祉和健康，十分關心香港非典防治工作，全力支持和幫助香港奪取同疫病鬥爭的勝利。」在中央政府的關懷和支持，以及特區政府的帶領下，全港市民團結一致，成功在三個多月內控制 SARS 疫情。

贈送物資　共渡患難

在 SARS 疫情中，中央政府給予香港最重要的支持，莫過於在內地疫情同告嚴峻之際，仍然及時為香港特區送上醫療物資，並調動醫護人員，隨時候命，來港支援前線工作。4 月 29 日，時任國務院總理溫家寶重申中央政府對香港抗疫的全力支持，表明：「我和你們一樣，身上都流着中國人的血，香港所需要的醫療衞生物資和護理人員，中央政府完全支持，一旦需要，保證供得上，拿得出，全部費用由中央財政負擔。」溫總理的一番話，感動了每一位香港市民。突如其來的疫情，讓港人對於國家的關懷和愛護，有了真實而切身的認識。而中央政府對特區政府的信任和支持，對特區政府、醫護人員及全體市民更是極大的鼓舞。

2003 年 6 月 30 日，時任國務院總理溫家寶到訪香港大學醫學院基因研究中心，勉勵研究 SARS 病毒的專家和研究人員。（香港特別行政區政府提供）

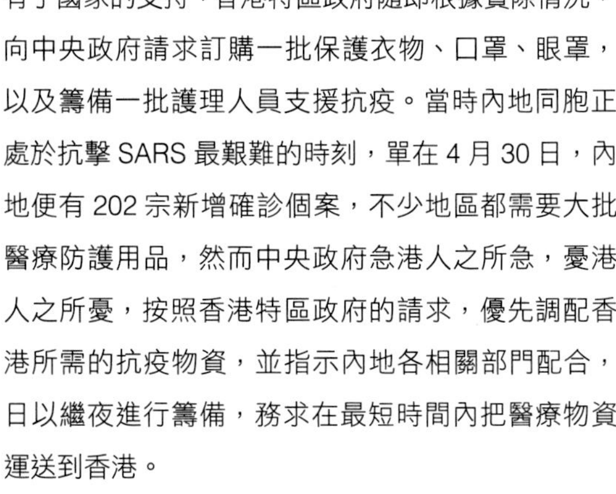

有了國家的支持，香港特區政府隨即根據實際情況，向中央政府請求訂購一批保護衣物、口罩、眼罩，以及籌備一批護理人員支援抗疫。當時內地同胞正處於抗擊 SARS 最艱難的時刻，單在 4 月 30 日，內地便有 202 宗新增確診個案，不少地區都需要大批醫療防護用品，然而中央政府急港人之所急，憂港人之所憂，按照香港特區政府的請求，優先調配香港所需的抗疫物資，並指示內地各相關部門配合，日以繼夜進行籌備，務求在最短時間內把醫療物資運送到香港。

2003 年 5 月 8 日，時任香港特區行政長官董建華在深圳皇崗出席中央政府支援香港抗擊非典型肺炎醫療物資交收儀式，代表香港特區接收中央政府贈予的首批抗炎醫療物資，包括 11 萬件保護衣、10 萬對防護鞋套，以及眼罩、口罩等，其後在同月 29 日，中央政府再贈送第二批醫護用品。與此同時，國家衞生部還專門從內地未受 SARS 疫情影響的地區精選 200 名護士，時刻準備馳援香港。中央在香港抗疫的關鍵時刻雪中送炭，及時送給香港急需的醫療物資，調派隨時待命的醫護人員，不僅解決香港的燃眉之急，更體現了中央政府與港人患難與共的情誼，對港人健康和福祉的關懷，亦向香港市民傳送內地同胞的真情和祝福，為香港市民對抗 SARS 打了一支強心針。

2003 年 6 月 30 日，時任國務院總理溫家寶探望九龍灣淘大花園 E 座其中一個家庭，慰問屋主郭先生一家。九龍灣淘大花園 E 座曾在 SARS 疫情中飽受煎熬。（香港人公文匯傳媒集團提供）

疫情期間，全港市民充分發揮堅忍不拔、團結友愛的精神。醫護人員克盡己任，一直堅守在抗疫的前線，竭盡所能，救病扶危，其中謝婉雯醫生、劉永佳護士等八名醫護更為抗疫犧牲，展現了捨己救人的人性光輝；時任香港大學微生物學系主任袁國勇與研究人員堅持不懈，最終發現 SARS 病原體為一種冠狀病毒，為抗疫取得突破性成果；清潔人員默默耕耘，為市民做好社區清潔工作；普羅市民則做好家居防疫，出外佩戴口罩，經常清潔雙手，防止病毒傳播。正是社會上下同心，加上中央政府全力支持，疫情得以成功受控。

內地與香港休戚與共、血脈相連，這一點透過 SARS 疫情再次得到證明。香港全力對抗 SARS 的時候，社會各界不僅發起多個支持特區政府抗疫和協助 SARS 患者的籌款活動，亦不忘國家，踴躍捐款協助內地的抗疫工作，包括由本港工商界人士成立的「工商界關懷非典型肺炎受難者基金」和港區全國政協委員分別向內地捐贈 1500 萬和 4000 多萬元，用以支援內地防治 SARS 的工作。直到 2003 年 5 月下旬，已籌得超過一億元。這些善款既是代表香港市民對內地同胞的關懷，更充分體現了港人與內地同胞互助無間、共同抗疫的心連心精神。

粵港合作　共抗疫情

兄弟同心，其利斷金。香港與廣東一衣帶水，唇齒相依，面對具高度傳染力的 SARS，雙方一直同心協力，共抗疫情。2003 年 4 月 11 日，特區政府與廣東省政府召開會議，建立溝通機制，就有關 SARS 的數據交換、醫療合作、通報機制、邊境檢疫等疾病防治事宜達成共識，並成立專家小組，遏止疫情擴散。

患難見真情，在 SARS 疫情之中，粵港兩地的醫療團隊合作無間，廣東省非典型肺炎醫療救護專家指導小組組長鍾南山多次來港，和袁國勇、許樹昌等本港專家討論 SARS 的病原體和研究治療重症病人的方案。2003 年 4 月中旬，時任衞生署副署長梁栢賢率領的八人專家小組前往廣州，與廣州專家交流醫治 SARS 的經驗。5 月初，廣東省中醫院呼吸科主任林琳和院長助理楊志敏醫師，應邀到香港參與會診，以中西醫結合治療法治療病人，療效顯著，既可減輕病人肺部炎症，更可改善患者呼吸急促、乏力等症狀，成果獲世衞組織肯定。這次 SARS 疫情，再次證明只要港人和內地同胞並肩作戰，團結精誠，互相交流合作，取長補短，定能扭轉乾坤，戰勝困難。

遊說世衛 促進香港經濟

中央政府不僅向特區政府和港人提供物資援助，更在疫情初步受控後，協助香港振興經濟。5 月 18 日，時任國務院副總理兼衛生部部長吳儀在瑞士日內瓦出席世衛大會期間，會見時任世衛組織總幹事布倫特蘭及其他官員，向國際社會傳達香港 SARS 疫情受控的信息，並積極爭取世衛組織撤銷對香港的旅遊警告，以重拾外國遊客來港的信心。

經過中央政府和特區政府的努力，香港經濟漸露曙光。5 月 23 日，世衛組織終於宣布取消對香港發出的旅遊警告。一個月後，6 月 23 日，世衛組織宣布將香港從 SARS 疫區中除名。同時，中央政府出手相助，先後推出《內地與香港關於建立更緊密經貿關係的安排》（CEPA）和「個人遊」計劃，為香港市場注入「源頭活水」。7 月 28 日起，「個人遊」計劃率先在廣東省的東莞、中山、江門、佛山推出，四個城市的居民可以個人身份來港旅遊。

SARS 期間，演藝界發起「心連心全城抗炎大行動」，希望在疫情下團結港人，其中一曲《香港心》深入人心，傳頌一時。（中新圖片提供）

2003 年下半年，隨着疫情減退及「個人遊」計劃落實，訪港旅客絡繹不絕。據特區政府統計，2003 年 5 月的旅客人數較 2002 年同期下跌 68%，但至 8 月時已增加 10%，全年旅客總數共 1550 萬人次，只比 2002 年輕微下跌 6%。這既是全港市民和醫護人員上下一心、努力不懈的成果，也是國家領導人和中央政府堅持為港人在國際上爭取遊說的成績。

堅強後盾 戰勝疫情

當我們回首 SARS 的抗疫之路，香港得以在短時間內戰勝疫情，實在有賴中央政府對港人的關懷和支持、特區政府的決心和勇氣、廣大市民的團結齊心、醫護人員的盡忠職守、內地與香港「風雨同路、同舟共濟」，共渡難關。

近年，香港正面對一場比 SARS 更為嚴峻的新冠疫情，但無論香港遭受多大的挫折與磨難，中央政府始終守護在香港同胞身邊；無論過去、現在和將來，國家永遠是香港戰勝危難的堅強後盾。只要全港市民上下一心、精誠團結，這顆璀璨的「東方之珠」將會繼續發光發亮，為國家作出貢獻。

1964 年東江—深圳供水工程動工初期的情況。國家在資源匱乏的時期，為港人福祉不惜動用大量人力物力，在沿線 80 多公里，一鍬一筐、開山劈嶺，展開了東江深圳輸水的第一期工程。（香港大公文匯傳媒集團提供）

東江情不斷
東深供水改造工程竣工

東江水供港逾 50 年，滋養數代港人生命，支撐起香港的經濟發展。2003 年 6 月 28 日，在香港特別行政區即將迎來回歸祖國六周年之時，耗資 49 億元、由香港及廣東省共同打造的「東深供水改造工程」宣告竣工，年供水量由 17.43 億立方米，大幅提高至 24.23 億立方米，並同時改善東江水質。常言道，「飲水思源」，到底 50 年來「東深供水工程」，是如何肩負起為香港數百萬居民提供生活、生產用水的重任？

六十年代遇大旱　中央為港人送甘露

香港地少人多，缺乏湖泊、河流及地下水等天然水源，降雨量亦不足以維持食水供應。1960 年以前，港府雖先後興建了七個水塘，並在 1960 年與廣東省就對港供水事宜達成首份協議，每年從深圳水庫輸入 2270 萬立方米原水，但僅依靠深圳水庫供水，始終未能徹底解決香港的食水短缺問題。

1962 至 1963 年間，香港遭逢嚴重大旱，連續九個月滴雨不下，全港 350 萬市民生活頓陷困境。天旱無雨，港府實施制水，勒令關閉公共浴室及游泳池，減少用水，又立法禁止浪費食水，違者終止供水外，亦須罰款或被判入獄。當時差不多每天都有人因違例被拘捕，市民甚至要剪短髮以節省洗頭用水，苦不堪言，民生百計備受困擾。

1963年5月，香港中華總商會和工聯會向廣東省發出求援信號。國家心繫港人福祉，隨即派出廣東水利專家全面勘測，終提出實現「北水南調」引水工程，通過建設多級抽水站，將東江水沿石馬河水倒流提到雁田水庫，再流入深圳水庫引進香港，冀為香港同胞分憂。

1963年12月8日，時任國務院總理周恩來在出訪東南亞時途經廣州，在得知香港缺水情況後，周恩來親自拍板引東江水供港，「香港居民百分之九十五以上是我們自己的同胞，工程應由我們國家舉辦，列入國家計劃，不用港英當局插手」，並指出：「供水談判可以單獨進行，要與政治談判分開。」基於國家對港人的關懷和愛護，在資源匱乏的年代，中央政府仍毅然斥資3800萬元，動員廣州、東莞、惠陽、寶安等地逾20,000人施工興建「東深供水系統」。

為了讓東江水盡早輸送到港，解決港人深受水荒之苦的燃眉之急，工程在1964年2月20日，即中央拍板後兩個月已正式動工，更於翌年2月竣工，速度之快，令國外專家大為驚歎。同年3月，第一股東江水引入香港，香港從此告別水荒。到了1982年，香港市民已可享受24小時無間斷供水，再無制水之憂。

國家為香港引入東江水，無疑為這片土地的經濟和生命重新注入重要養分，而當年工程建設者為實現供水予港，不惜「讓高山低頭，令河水倒流」，這刻在施工山頭的一句話，亦成為內地和香港幾代人的共同回憶。

歷經三次擴建　徹底改善水質

東深系統供水之初，年供水量為6820萬立方米，隨着香港經濟迅速發展與人口增長，1970年代初，東江的供水量已逾8000萬立方米。

為滿足用水需求，東深供水工程先後於1974年、1987年、1990年進行了三次擴建。若數最重要的一次全面改造，當是2003年香港回歸祖國六周年竣工，粵港兩地共同締造的創舉——「東深供水系統第四期改造工程」。

當時廣東省因沿線城市工業起飛，導致水質污染問題出現，為了加強生態環境保護，並為香港、深圳和東莞地區2000萬人提供用水安全保障，當局決定「徹底改善東江水質」，將清水與濁水分離。

香港於 1963 年遭逢大旱，港府實施制水，每四天供水一次，市民需大排長龍取水，生活非常不便。（香港特別行政區政府提供）

不過，有關技術殊非易事，建設者必須將供水系統，由原來的天然河道輸水，改由建造密封的專用潔淨水輸送管道，並興建全新抽水站、高架渡槽。工程在 2000 年 8 月 28 日展開，分四期進行，全長 51.7 公里，總投資 49 億元，總共動員 7000 多名建設者，投入 800 多個晝夜，歷時近三年竣工，成功打造全長 51.7 公里的密封管道，亦實現輸水系統與天然河道的徹底分離。經改建後的輸水路線縮短至只有 68 公里，而每年的供水能力則提升至 24 億 2300 萬立方米，其中供港部分約 11 億立方米，其餘供沿線城市使用。

時至今日，工程人員只要點擊電腦屏幕，就可以查看東深供水工程的水質監測數據。水務署在接收東江水的木湖原水抽水站，亦設有 24 小時在線水質監測系統，對輸港東江水水質進行持續監測。昔日內地同胞為港人輸送東江水而作出的艱辛和勞苦，今天仍然為保障港人福祉發揮作用。

五十年輸水情不斷　粵港東江情繫兩地

東江水引入香港至今已 57 年，共為港人提供逾 267 億立方米用水。至今東江水仍是香港最重要的水源，為港人提供約 70% 至 80% 的供水量。廣東省與香港特區亦藉此建立起頻繁的磋商和交流制度，保障了粵港供水機制從上到下的良好運作。由香港水務署集合各界人士組成的香港水資源諮詢委員會，每年均到廣東考察。同時，每年都有香港學生組織參觀供水工程。

2021 年 4 月 21 日，中共中央宣傳部向全社會宣傳發布東深供水工程建設者群體的先進事跡，授予他們「時代楷模」稱號，表揚他們是「建設守護香港供水生命線的光榮團隊」，號召全社會向他們學習。

「飲其流者懷其源」，無論是早期毅然斥資、動員一切以解港人之急、不斷擴建修繕保護供水工程，或是為港人健康而拼力研究改善水質，50 年來，國家一直守護香港的生命線。東深供水工程體現了國家對香港的關切，流露出血濃於水的情感，亦為促進本港經濟社會發展，和維護香港的長期繁榮穩定提供了必要條件，發揮關鍵作用。

港府及廣東省人民政府於 1960 年 11 月 15 日簽訂首份東江水供應協議，每年從深圳水庫輸入 2270 萬立方米原水。（香港特別行政區政府提供）

2003 年 6 月東深供水改造工程竣工，成功建成全長 51.7 公里的密封管道，實現輸水系統與天然河道的徹底分離，改善供水水質。這條香港供水的生命線，在國家的關切下不斷完善，歷久常新，保障了香港的民生發展和安定繁榮。（新華社提供）

香港特區搜救隊在瓦礫中搜救，爭分奪秒，全力救助災區同胞。
（香港特別行政區政府提供）

天災無情 人間有愛

香港特區支援四川地震災區重建

2008 年 5 月 12 日下午 2 時 28 分，四川省汶川縣發生黎克特制八級大地震。造成近 70,000 人遇難，約 37 萬人受傷。地震將北川縣、汶川縣和映秀鎮幾乎夷為平地，著名的臥龍自然保護區及附近鄉鎮亦受到嚴重破壞，無數家庭流離失所。

山河變色、天地崩裂，一幕幕房屋倒塌、無數災民被埋在瓦礫中等待救援的畫面，至今仍歷歷在目，令人觸目驚心。一方有難，八方支援，香港特區從地震發生一刻，便立即決定參與災後救援和重建的工作，並馬上派出消防處、衞生署、政府飛行服務隊、食物環境衞生署、水務署和醫院管理局共 136 人，奔赴災區，進行搜救，香港不少民間團體也自發組織救援隊伍，遠赴災區，協助搜救工作。香港各界為籌款支援，抗震救災，踴躍捐輸，奔走街頭巷尾，每人都在自己的崗位上，為支援災區同胞盡一分力。

此後八年，香港特區一共投放 100 多億港元，主導援建 190 個項目，在 2900 多個日與夜，為災區重建殫精竭慮，譜寫出一段香港與內地同胞血濃於水、患難與共的動人故事。就讓我們一起回顧這段援建之路。

特區政府派出政府飛行服務隊，在四川地震災區參與救援工作，協助拯救被困災民。
（南華早報出版有限公司提供）

川港同心　踏上援建之路

天災無情，汶川大地震令四川省不少縣市損毀嚴重，災後重建非常艱鉅。2008 年 7 月 18 日，特區政府獲立法會財務委員會撥款 20 億港元，設立「支援四川地震災區重建工作信託基金」（信託基金），與四川省政府合作支援重建工作。2008 年 10 月 11 日，特區政府與四川省人民政府簽署《就香港特別行政區支援四川地震災後恢復重建合作的安排》（《特區援建合作安排》），並接受非政府機構的撥款申請，支援四川地震災區重建，從此展開了長達八年的援建之路。

特區政府先後獲立法會財務委員會撥款 90 億港元，注入信託基金，援建共 183 個項目，連同香港馬會 10 億港元撥款和民間捐款，香港特區一共投入超過 100 億港元，援建 190 個四川災區重建項目，涵蓋公路、教育、醫療、社會福利和臥龍重點保護區等領域。

自 2013 年起，由香港援建的項目先後投入服務。隨着省道 303（映秀至臥龍段）和綿茂公路（漢旺至清平段）在 2016 年相繼完成和通車，歷時八年多的香港特區援建四川地震災區工作，終告圓滿成功。八年間，親赴災區的港人義工近 2000 人次，創下香港參與境外災區重建工作的紀錄。

政府牽頭　全民參與

龐大的援建工作得以順利完成，有賴中央政府大力支持和四川省人民政府通力合作，以及香港非政府機構和各界人士的積極參與。其中，出資10億港元直接參與援建的香港馬會、協助推展32個項目的16個非政府機構、提供技術支援的醫院管理局和海洋公園、由發展局和香港建造界各專業學會和商會等組成的「香港建造界5．12重建工程聯席會議」，以及無數義工的無私奉獻，都為四川災區送去陣陣暖流。

在香港特區援助四川災區重建期間，有關支援團體的義工赴川工作逾500次，援川義工雖然來自各行各業，但都懷着同一顆支援受災同胞的赤誠熱心，八年來無數次進入災區，為重建工作貢獻一分力量。

排除萬難　援建公路

「蜀道之難，難於上青天」。由於地形原因，四川地區的道路，自古蜿蜒曲折，出行不便。而在八年援建過程中，省道303（映秀至臥龍段）和綿茂公路（漢王至清平段）的重建至為艱巨。省道303是通往臥龍自然保護區重要幹道，也是前往四川省西北及西藏自治區的重要道路；綿茂公路連接綿竹市漢旺鎮與阿壩州的茂縣，也是通往甘肅和青海的通道，然而，大地震造成的山體崩塌、滑坡和泥石流，使得兩條公路損毀嚴重，當地居民對外隔絕，陷入困境。

2009年7月，兩條公路的重建工程正式動工。由於有關路段位處山區，地形條件複雜，交通運輸不便，重建過程非常艱辛。施工團隊須克服當地的高海拔和極端天氣，還有施工期間持續不斷的餘震。2010至2011年夏季，當地更出現強降雨，並引發特大山洪和泥石流，好不容易重建起來的兩個公路項目工程又遭摧毀。為提高重建後公路的抗災能力，川港兩地專家幾經苦思，最後調整了公路的設計，包括修改公路走線，以繞避大型泥石流，並採用長隧道設計和增加橋隧比例等，以確保公路的長期運作。

川港同心，其利斷金。香港與內地的專家團隊和施工隊伍面對當地複雜的自然環境，不避艱險，同心協力，抱持「關關難過關關過」的精神，成功克服一切困難，兩條公路順利在2016年竣工通車。2016年5月，當省道303（映秀至臥龍段）舉行貫通儀式時，現場所有參與公路設計、建造的學者和施工工人再也難掩激動之情，興奮雀躍的喜悦與感動的淚水，在一片歡呼聲中交織，共同見證多年辛勞的成果。

分享經驗　促進重建成效

除直接援助災區同胞外，香港特區援建工作的宗旨之一，是按《特區援建合作安排》，引入特區的專業技術和管理經驗，並加強兩地專業人士交流。發展局先後舉辦多場工作坊和研討會，與四川省政府各級相關部門，以及負責實施特區援建工作項目的各方單位分享經驗，以引進香港的理念和專業技術，範圍涵蓋項目規劃、設計、施工、管理等。

在川港互信合作的基礎上，創新理念得以在援建項目中實踐，提升項目的質量。如在建築設計上，引入建築隔震和消能減震，以及綠色建築技術；在項目管理上，聘請項目管理公司提供專業服務；在施工方面，採用獨立專業顧問，以執行技術檢查；在臥龍重建的過程中，引入可持續發展理念等。其中，在 2013 年 4 月啟用的川港康復中心，設有門診部、物理治理部、臨床心理服務等，所有設備都由香港特區捐贈，並引入香港先進的醫療理念和技術，與國際接軌。現在，川港康復中心已成為全國康復護理培訓的搖籃。

攜手合作　促進交流

香港特區自支援四川地震災區重建以來，便與四川省政府建立全面的溝通協調機制，設立三層協調溝通機制，以監察和商討所有援建項目的進度和質量。

此外，重建工作讓香港和四川逐漸建立穩固的互信合作關係和基礎，對推動兩地的持續交流甚有幫助，如在 2017 至 2019 年間，特區政府與四川臥龍國家級保護區（臥龍）及中國保護大熊貓研究中心合作，推行「臥龍自然保護區實習計劃」，由川港兩地大學生共同參與，讓香港大學生前往臥龍自然保護區實習，內容包括生態環境保護、大熊貓保育科研、野生動植物資源保護、科普教育、生態旅遊管理和營運等。

同舟共濟　共渡難關

「豈惟千里共明月，亦可千里同清心。」香港和四川雖然遠隔千里，港人對國家的熱愛與感情卻越過高山、越過平原，一直與祖國同胞同在。四川同胞憑藉勤勞勇敢，終於戰勝一切苦難，重新站立起來。汶川大地震再一次證明，無論香港與內地同胞遇到多少苦難，總能同舟共濟，互助互勉。至今，在中央政府和四川省政府的大力支援，港人與內地同胞的共同努力下，已經完成所有援建項目，人民的生活素質亦得以改善，如今，四川地震災區已如鳳凰重生，展翅翱翔！

2008 年 5 月 19 日，香港時代廣場門外眾多市民為汶川大地震遇難同胞默哀。心繫四川受災同胞的港人，在此後的八年中，持續不斷地援建四川災區。

（中新圖片提供）

（xPACIFICA/Getty Images）

主題三

協同發展 互利共贏

概述

香港回歸 25 年以來，在國家的堅實支持下，走過高山低谷。隨着內地持續改革開放，香港與內地之間、以至內地經香港與世界各地之間的貨物、服務、人力和資金流通量均大幅增長，經濟活動頻繁、經濟聯繫日益深化，為彼此帶來極大效益。

1997 年 7 月，香港特別行政區成立第二日，便迎來亞洲金融風暴的洗禮。國際炒家連番狙擊，亞洲貨幣相繼大幅貶值。8 月，對沖基金「兵臨城下」，港元聯繫匯率的防禦機制，雖然能抽高利率，令投機者因成本上漲而暫時撤退，但香港實體經濟及金融系統都為高息環境付出代價。在這種情況下，在中央全力支持下，特區政府與國際炒家展開了一場沒有硝煙的戰爭。中央一再強調只要香港有需要，將不惜一切代價支持香港應對金融危機，包括提供外匯儲備！特區政府有了充足的信心和底氣，在 1998 年 8 月出其不意動用逾千億元外匯基金入市，擊潰炒家；自此香港金融體系更健全穩固。更重要的是，國家始終信守人民幣不貶值的承諾，為穩定整個亞洲市場，發揮一個負責任大國的作用。

香港屬於高度外向型經濟體，2001 年起，香港經濟先後面臨外圍環境逆轉、資產及科網股泡沫爆破等挑戰。2003 年 2 月至 6 月間，SARS（嚴重急性呼吸系統綜合症）疫情爆發，更是雪上加霜。危急關頭，中央及時為香港注入強心針：6 月 29 日，香港與內地簽署《內地與香港關於建立更緊密經貿關係的安排》（CEPA），這是香港與內地簽訂的首份雙邊自由貿易協議，亦是內地簽署的第一個全面自由貿易協定，涵蓋貨物貿易、服務貿易、投資及經濟技術合作。自 2004 年實施以來，CEPA 採取循序漸進、分階段磋商、逐步擴大覆蓋範疇的方式，已成為一個互惠共贏的平台。對內地來説，香港的先進管理經驗、國際營商網絡、專業知識和技術，可更好地推動內地在全球貿易、金融和其他商業領域的發展和地位提升，加快跟國際接軌。對香港而言，內地則提供了龐大的市場和商機，讓香港製造業和服務業得以多元化發展。

與此同時，俗稱「自由行」的「個人遊」計劃也於 2003 年 7 月 28 日起在廣東省四個城市率先推行。旅遊業是香港四大支柱產業之一，「個人遊」為旅遊業帶來快速增長，不僅協助香港經濟擺脱困境，還為旅遊業及相關的零售、飲食、酒店及運輸業創造大量就業機會。兩項舉措收到立竿見影的成效，2003 年第三季香港經濟已轉跌為升，按年升 4%。2004 年訪港內地遊客突破 1000 萬人次。內地成為香港最大客源地。2014 年，透過「個人遊」訪港內地旅客數字達到最高峰，為 3135.54 萬人次。入境旅遊相關總消費 3590.4 億元，同樣達到峰值。

隨着「個人遊」推展，訪港內地遊客增多，在香港使用人民幣的需求更為殷切。而人民幣資本項目未開放自由兑換，沉澱在香港的人民幣現鈔，也需要有銀行體系的合法渠道回流內地。2003 年 6 月，國務院批准香港開辦離岸人民幣業務。翌年 2 月，香港推出人民幣存款、匯款、兑換及人民幣信用卡四項個人業務，成為全球第一個發展人民幣業務的離岸市場。2009 年跨境貿易人民幣結算試點在香港推出，把離岸人民幣業務由個人擴展至企業和金融機構，從單向人民幣資金回流升級為雙向流動，推動人民幣國際化向前邁出重大一步。

2014 年推出的「滬港通」，進一步深化內地與香港資本市場的互聯互通。香港與內地的個人及機構投資者，首次可以進行雙向的跨境金融投資，透過本地券商及交易所，買賣對方市場上市的合資格股票。滬港通結算交收全程封閉，實現最小跨境流動，風險受控。這種創新制度持續優化，可以無限擴展延伸。隨後，2016 年出台的「深港通」、分別於 2017 年及 2019 年推出的「債券通」北向通及南向通，均沿用類似模式運作，進一步提升內地和香港金融市場互聯互通效率和一體化程度，擴大香港金融市場的容量與規模，也為全球投資者參與內地金融市場提供更加便利的通道。

「一國兩制」的優勢，讓國家在風險可控的情況下，有序推動資本市場雙向開放及人民幣國際化，香港亦從中享受到豐碩成果。目前，香港已發展為全球最大離岸人民幣業務市場，處理全球約 75% 離岸人民幣結算業務。香港的國際金融中心地位得以鞏固提升。

回歸以來的香港，作為連接內地與世界各地的貿易及投資門戶，經濟基調和競爭力備受國際認同。菲沙研究所的《世界經濟自由度 2021 年度報告》繼續將香港評為全球最自由的經濟體。國際管理發展學院發布的《2021 年世界競爭力年報》中，香港的競爭力位列全球第七位和亞洲第二位。

亞洲金融風暴衝擊香港金融市場，港股連日大幅波動。1997年10月28日，恒生指數一度暴瀉1723點，跌幅達16.4%。圖為股民當天早上在一家銀行分行內，一臉震驚、焦慮地關注行情。（南華早報出版有限公司提供）

中央全力支持 特區政府 對抗金融風暴

香港銀行同業拆息（HIBOR）抽高至280厘！

港股恒生指數連跌四天、跌幅達三分之一！

樓價比高峰期跌去44%、失業率一度高達5.7%……

這些都是自1997年7月爆發，肆虐近一年半的亞洲金融風暴，在港人記憶中留下的至暗時刻。

金融風暴席捲亞洲多個國家及地區，所到之處，貨幣大幅貶值、金融機構倒閉、經濟衰退。剛剛成立的香港特區政府，在中央全力支持下，與國際炒家展開一場沒有硝煙的捍衛港元聯繫匯率之戰。一向奉行「自由經濟」、「積極不干預」政策的特區政府，頂住爭議壓力，動用外匯基金入市，最終成功擊退炒家。

2019年，時任香港金融管理局（金管局）總裁陳德霖在回顧這場激戰時表示，很感激國務院前總理朱鎔基公開承諾「只要香港有需要，中央政府會提供儲備，幫助對抗投機者」。在此非常時刻，中央政府的承諾支持無疑是強大後盾，提振港人的信心和士氣。

亞洲金融風暴 特區首場考驗

1997年7月2日，香港特別行政區成立後，金融市場首天開市，整個城市還在回歸祖國的氛圍中喜悅不已。就在當天，泰國中央銀行宣布放棄固定匯率機制，泰銖隨即遭到國際炒家狙擊，匯價單日急瀉17%，揭開了亞洲金融風暴的序幕。當時，馬來西亞、菲律賓、印尼等都受到炒家攻擊，被迫改用浮動匯率、擴大外匯交易波幅、被迫允許貨幣自由大幅貶值。

在金融風暴爆發前的十多年，亞洲經濟增長強勁，屢創紀錄；同時開放貿易和投資，資金大舉流入亞洲新興經濟體系。很多區內經濟體逐漸出現匯價估值過高、經濟過熱，以及過度舉債的種種跡象，使得包括對沖基金在內的投機者有機可乘，從沽空日圓開始，一擊得手，在骨牌效應下，其他亞洲貨幣相繼失守，貨幣貶值，各國人民深受其害。1997 年的香港，在這國際氛圍下，也出現了巨大的樓市泡沫，港元市場規模不大不小，但流動性高、資金自由進出的特點，使其成為國際炒家虎視眈眈的目標之一。

熱錢狙擊港元　港息抽高　苦守聯匯

受區內連鎖效應影響，港元在 7 月至 10 月期間已數度受到沽售壓力，貨幣供應緊絀。首輪攻防戰在 8 月打響。由於港元與美元掛鈎的聯繫匯率制度，屬於貨幣發行局制度，貨幣基礎得到美元資產的十足支持。根據聯繫匯率制度的防禦機制，匯率所受的壓力會自動轉移到利率上；沽售港元令外匯基金帳上的銀行體系總結餘減少、甚至出現負值，導致港元利率急升，令炒家借港元現貨或通過遠期合約沽空港元的成本上漲。8 月 19 日，香港銀行同業隔夜拆息率短暫升至 18 厘的高位。

10月中旬，台灣在炒家衝擊下宣告棄守，允許新台幣匯率自由浮動。港元拋售壓力隨之加劇，金管局在10月21日和22日購入大量港元，當這些外匯交易於10月23日進行結算時，銀行同業流動資金短缺，銀行同業隔夜拆息率短暫飆升至280厘！恒生指數暴跌1211點，跌幅逾一成。這一天後被稱作「黑色星期四」。

利率急升，令炒家做空港元的短倉因成本過高而收斂，紓緩了資金外流的壓力。隔夜拆息在數天後回落至5厘到6厘的水平。由此時起，到翌年8月，港元都保持穩定，股票及期貨市場繼續有秩序和高效率地運作。即使1997年11月韓圜失守，香港仍未受波及。

不過，香港社會為捍衛港元亦付出代價。利率居高不下、港元與美元息差擴闊，導致借貸成本高企、資產價格下挫等等，商界及社會大眾承受種種高息之苦。

1998年8月11日，恒指已跌破7000點心理關口。圖為在中環，投資者觀看屏幕所顯示的恒指新低。

（南華早報出版有限公司提供）

中央撐香港　信守人民幣不貶值承諾

其間，世界銀行與國際貨幣基金組織（IMF）年會首次以中國為東道國，1997年9月23至25日在香港舉行。時任香港特區行政長官董建華在開幕式致辭時指出，香港外匯儲備高達850多億美元，而且沒有外債。「聯繫匯率制度是保持香港金融和財政穩定的要素。我們無意利用匯率的調整，在國際市場上競爭。」向創下歷來最高紀錄的19,500名與會者，清晰展示捍衛聯繫匯率制度的決心和信心；證明香港在「一國兩制」原則下，繼續保持繁榮穩定。同時，香港還借出10億元支持國際貨幣基金組織發起的泰國經濟重整行動。

時任國務院總理李鵬到香港出席了是次年會。1998年3月，李鵬在全國人民代表大會（全國人大）會議上發表《1998年國務院政府工作報告》，特別提到，香港回歸八個多月以來，「社會穩定，人心穩定，經濟保持穩健運行。中央政府全力支持香港特別行政區政府的工作，支持香港為應對東南亞金融危機的衝擊而採取的措施」，並指出，保持國際收支平衡和人民幣匯率穩定，是必須堅持的方針。

自金融風暴發生以來，國家領導人及財金官員在多個公開場合強調，人民幣不會貶值，屢屢獲得國際好評。

1998年1月14日，當時仍是國務院副總理的朱鎔基在全國金融工作會議上講話，闡明中國政府將向受亞洲金融危機打擊最大的國家提供無私援助，並信守人民幣不貶值的承諾。這對穩定亞洲金融秩序發揮了中流砥柱的作用。同年6月26日，時任國務院總理朱鎔基在北京會見訪華的美國財政部部長魯賓時重申，中國不會違背人民幣不貶值的承諾，無論貶值會帶來多大好處，也不能那樣做，否則損人害己。他還表示：「港幣還會受到國際上的衝擊，但我想香港能頂得住，中央政府也會不惜一切代價支持香港。」

特區政府破例入市　打贏港元保衛戰

踏入1998年，國際炒家仍在亞洲肆虐。港元分別在1月初、6月中及8月初遭受三輪投機衝擊。1月，印尼因幣值跌破心理關口引發騷亂，而受到印尼業務拖累，香港本地最大投資銀行之一的百富勤投資集團倒閉，中型證券行正達證券結業。為恢復公眾信心，香港財經事務局4月發表《金融市場檢討報告》，仔細研究了國際炒家的全部攻擊過程，提出30項措施，強化市場規則與透明度，為未來特區政府入市干預奠定基礎。

8月，沽空活動不斷升溫，港元持續受壓，金管局意識到國際炒家已捲土重來。有關人民幣將貶值及港元與美元脫鉤的謠言甚囂塵上，市場上瀰漫一片恐慌情緒。

國際炒家這次戰術升級，利用香港金融市場的高度發展，採取「雙邊操控」。引用金管局的分析：「股市方面，他們（炒家）先行在現貨和期指市場建立大量空盤，當啟動針對港元的狙擊時，港元利率猛升，觸發股市和期指急挫，此前已部署的空盤必有斬獲。匯市方面，他們……在市場較淡靜的時候，從貨幣市場以較低的成本逐步借入估計約300億港元儲備彈藥，令即使開戰時HIBOR上升也難損他們分毫……既能避過貨幣發行局的利率防禦機制，又能利用匯市和股市互相施壓。」

8月13日，恒指跌到危機爆發以來最低的6660點；相較一年前8月7日所創新高16,673點，跌去逾萬點。8月14日，特區政府在毫無預兆下發動反擊，史無前例地動用外匯基金入市，購入33隻恒指成分股。恒指當天應聲反彈8.5%。入市干預行動持續了10個交易日，共動用1180億元。「大決戰日」在8月28日來臨。這天是8月份恒指期貨合約到期日，來自國際炒家的沽盤達到高峰；全日成交量創歷史新高，達到790億元：金管局幾乎是唯一買家。最終恒指收市報7830點，較炒家試圖通過「雙邊操控」鎖定的目標4000點，幾乎高了一倍。與此同時，俄羅斯宣布債務違約，並允許盧布大幅貶值；銀行紛紛收緊信貸。國際炒家在香港作戰計劃觸礁，後方失火，只能鎩羽而歸。

1997 年 9 月 23 日，世界銀行與國際貨幣基金組織年會在香港開幕。時任國務院總理李鵬在致辭中表示，相信香港前途更加美好。時任香港特區行政長官董建華的講話，則清晰展示捍衛聯繫匯率制度的決心和信心。

（南華早報出版有限公司提供）

1999年3月5日，時任國務院總理朱鎔基在九屆全國人大二次會議上作政府工作報告時指出，亞洲金融危機以來，香港特區政府沉着應對，採取了一系列有效措施，經受住了嚴峻考驗，顯示出管理香港社會、駕馭複雜局勢的能力。（中新圖片提供）

擊退炒家之後，金管局迅即在9月推出七項技術性措施，鞏固貨幣發行局制度，減少港元利率受到國際資金流向的影響，避免市場被炒家操控的風險。至於特區政府在入市行動中購入價值千億元的恒指成分股，金管局在10月成立外匯基金投資公司，並於1999年11月，透過將名為「盈富基金」的追蹤恒指ETF招股上市，讓這批股票回歸市場。

在《1999年國務院政府工作報告》中，中央對特區政府應對金融風暴的做法表示肯定：「香港回歸祖國以來，『一國兩制』方針得到全面貫徹落實。中央政府嚴格按照《基本法》辦事，不干預香港特別行政區自治範圍內的事務，確保香港特別行政區實行『一國兩制』、『港人治港』、高度自治，贏得了廣泛的讚譽。亞洲金融危機以來，香港特區政府沉着應對，採取了一系列有效措施，經受住了嚴峻考驗，顯示出管理香港社會、駕馭複雜局勢的能力。」在亞洲金融風暴中，國家始終維持人民幣幣值穩定，在全球扮演了一個負責任的大國角色，對亞洲乃至世界金融和經濟的穩定作出積極貢獻，廣為國際肯定。在亞洲金融風暴中，人民幣和港元是亞洲僅有的兩種沒有對美元貶值的貨幣。

小故事：「御貓」鬥大鱷

由香港金融管理局（金管局）負責管理的外匯基金，在 1998 年 8 月入市捍衛港元之前，從未投資或持有股票，連個股票交易戶口都沒有。危急之間，他們如何與精於此道的國際「大鱷」在股市正面對壘？

曾任金管局總裁的陳德霖，2019 年退休前夕撰文，透露入市行動背後細節，仿如諜戰故事。

1998 年 8 月 14 日早上，財經事務局臨時邀約香港最大三家證券行的主事人到中環舊中銀大廈的中國會出席早餐會。一進房間，只見是時任金管局副總裁陳德霖。金管局與證券商素無交往，那一刻大家頗感疑惑。陳德霖請券商們喝咖啡，並關掉手機，領他們前往金管局辦公室。在要大家承諾嚴守秘密後，陳德霖告知他們特區政府已決定入市，在股票和期貨市場反擊雙邊操控，希望他們馬上為金管局開立股票和期貨交易帳戶，配合同一天開始的入市行動。股市戰線隨即開打。

此後，陳德霖還故意叫不知內情的同事在市場上四處打探恒指反彈原因，從回饋的信息中絲毫未見提及政府入市干預，確保行動保密，並未曝光。直到當天收市後，特區政府三大財金官員方召開新聞發布會，公布入市行動。

為特區政府落盤買賣的本地證券行，被香港傳媒稱為「御貓」，初期共四家：中銀證券、滙豐旗下的獲多利、和昇及鷹達。時任中銀證券副董事長兼總經理的馮志堅回憶，入市前一天晚上接到電話，翌日早上與金管局總裁任志剛開會後，即時部署。中銀騰出若干台連接聯交所系統的終端機，專門處理「政府盤」；又預留一個直線電話號碼，作為與特區政府聯繫的專線。

隨着戰況升級，到 8 月 28 日「大決戰日」，「御貓」已增至十家。

2015年11月27日，時任香港特區行政長官梁振英（左五）出席《內地與香港關於建立更緊密經貿關係的安排》服務貿易協議簽署儀式。各位主禮嘉賓在見證時任商務部副部長王受文（右四）和時任特區財政司司長曾俊華（左四）簽署協議後，共同舉杯祝酒。

（香港特別行政區政府提供）

CEPA 經濟復蘇的強心針

香港屬高度外向型和高外貿依存度的經濟體。自1997年回歸後，歷經亞洲金融風暴、資產及科網股泡沫爆破，以及美國經濟放緩等因素影響，香港經濟連番受到打擊。2003年香港爆發嚴重急性呼吸道綜合症疫情，經濟大受影響，6月29日中央政府與特區政府共同簽署了《內地與香港關於建立更緊密經貿關係的安排》（Closer Economic Partnership Arrangement，簡稱CEPA）。作為兩地經濟全面合作的推動器和催化劑，CEPA是國家經濟一體化的重要環節，更是中央政府為支持港澳地區經濟發展所採取的重大舉措，對內地和港澳的經貿合作與經濟發展產生積極而深遠的影響。

香港經濟　揚帆再啟航

2000年1月，香港總商會在《中國加入世貿對香港商界的影響》報告書中，率先提出香港與內地訂立自由貿易協議的構想，並於同年3月就此構想致函時任香港特區行政長官董建華。2001年11月，中國在多哈簽署加入世界貿易組織（簡稱世貿組織，WTO）議定書後，香港總商會向行政長官重提該項建議。2002年1月25日，中央政府與香港特區政府正式就制定符合「一國兩制」原則和世貿組織規則的自由貿易協議，在北京展開磋商工作。

為促進內地和香港特別行政區經濟的共同繁榮與發展，加強雙方與其他國家和地區的經貿聯繫，雙方決定簽署框架性協議。2003年雙方簽署了CEPA，並以每年一份補充協議的速度共簽署了十個補充協議，為香港經濟注入一劑強心針，同時也加快了兩地經濟的互補合作。

CEPA是香港與內地簽訂的首份雙邊自由貿易協議，亦是內地簽署的第一個全面自由貿易協定，為內地與其他國家和地區洽商同類市場開放協議提供參考。作為一份開放及不斷發展的自由貿易協議，在「一國兩制」原則和世貿組織框架下，CEPA採取「循序漸進」、「先易後難」的方式，分階段磋商，逐步擴大範疇。雙方於2004至2015年間，先後簽訂十份補充協議、其他協議及確認書共計13份，為擴大市場開放、便利貿易和投資，促進經貿合作和持續發展提供便利。

久旱逢甘露　為經濟注入生機

2017年6月28日，香港與內地簽署兩份新協議，分別是《投資協議》和《經濟技術合作協議》，進一步促進兩地之間的貿易和投資，逐步充實CEPA的內容。《投資協議》生效後，CEPA的覆蓋面擴大到非服務業。外國投資者可以充分利用香港作為在內地非服務業從事商業經營的切入點。

《經濟技術合作協議》與CEPA其他協議不同，該協議不涉及市場准入承諾或實質性自由化措施，而是為香港與內地未來的更緊密合作指出方向。有三大重點：首先，協議專門有一章談及通過搭建交流平台，支持香港參與「一帶一路」建設。其次，推動深化泛珠三角區域特別是粵港澳大灣區的經濟合作；並支持在自由貿易試驗區，以及在前海、南沙和橫琴進一步擴大對香港服務業開放，例如金融、交通航運、商貿、專業服務和科技等。第三，加強並充實CEPA以前的合作規定，為香港的專業服務提供者提供新機遇。兩份新協議簽署後，CEPA已成為一項全面的自由貿易協議，在貨物和服務貿易之外，更涵蓋投資和經濟技術合作。

2018年12月簽署的《貨物貿易協議》作為CEPA升級的重要組成部分，新增「海關程序與貿易便利化」、「衛生與植物衛生措施」、「技術性貿易壁壘」及「粵港澳大灣區貿易便利化措施」四個專章，以深化兩地貨物貿易自由化和便利化。

2019 年 11 月 21 日，在時任香港特區行政長官林鄭月娥見證下，特區財政司司長陳茂波（前排左）與時任商務部副部長王炳南（前排右）簽署《〈內地與香港關於建立更緊密經貿關係的安排〉服務貿易協議》的修訂協議後握手慶祝。（中新圖片提供）

表 12.1 《內地與香港關於建立更緊密經貿關係的安排》（CEPA）協議簽訂及實施的時間表

	協議	簽訂日期	實施日期
1	《CEPA》主體文件	2003 年 6 月 29 日簽訂 CEPA 主體文件、2003 年 9 月 29 日簽署六份附件	2004 年 1 月 1 日
2	補充協議	2004 年 10 月 27 日	2005 年 1 月 1 日
3	補充協議二	2005 年 10 月 18 日	2006 年 1 月 1 日
4	補充協議三	2006 年 6 月 27 日	2007 年 1 月 1 日
	關於 2006 年上半年《內地與香港關於建立更緊密經貿關係的安排》項下零關税貨物原產地標準的確認書	2006 年 6 月 27 日	2006 年 7 月 1 日
5	補充協議四	2007 年 6 月 29 日	2008 年 1 月 1 日
6	補充協議五	2008 年 7 月 29 日	2009 年 1 月 1 日
7	補充協議六	2009 年 5 月 9 日	2009 年 10 月 1 日
8	補充協議七	2010 年 5 月 27 日	2011 年 1 月 1 日
9	補充協議八	2011 年 12 月 13 日	2012 年 4 月 1 日
10	補充協議九	2012 年 6 月 29 日	2013 年 1 月 1 日
11	補充協議十	2013 年 8 月 29 日	2014 年 1 月 1 日
12	關於內地在廣東與香港基本實現服務貿易自由化的協議（廣東協議）	2014 年 12 月 18 日	2015 年 3 月 1 日
13	服務貿易協議	2015 年 11 月 27 日	2016 年 6 月 1 日
14	投資協議	2017 年 6 月 28 日	2018 年 1 月 1 日
15	經濟技術合作協議	2017 年 6 月 28 日	不適用
16	貨物貿易協議	2018 年 12 月 14 日	2019 年 1 月 1 日
17	關於修訂《〈內地與香港關於建立更緊密經貿關係的安排〉服務貿易協議》的協議	2019 年 11 月 21 日	2020 年 6 月 1 日

資料來源：工業貿易署。

	附件
	附件 1：關於貨物貿易零關稅的實施 附件 2：關於貨物貿易的原產地規則 附件 3：關於原產地證書的簽發和核查程序 附件 4：關於開放服務貿易領域的具體承諾 附件 5：關於「服務提供者」定義和相關規定 附件 6：關於貿易投資便利化
	附件 1：第二批內地對原產香港的進口貨物實行零關稅的產品清單 附件 2：第二批享受貨物貿易優惠措施的香港貨物原產地標準表 附件 3：內地向香港開放服務貿易的具體承諾的補充和修正
	附件 1：2006 年享受貨物貿易優惠措施的香港貨物原產地標準表（一） 附件 2：內地向香港開放服務貿易的具體承諾的補充和修正二
	內地向香港開放服務貿易的具體承諾的補充和修正三
	2006 年上半年香港享受零關稅貨物原產地標準表
	內地向香港開放服務貿易的具體承諾的補充和修正四
	內地向香港開放服務貿易的具體承諾的補充和修正五
	內地向香港開放服務貿易的具體承諾的補充和修正六
	內地向香港開放服務貿易的具體承諾的補充和修正七
	內地向香港開放服務貿易的具體承諾的補充和修正八
	內地向香港開放服務貿易的具體承諾的補充和修正九
	內地向香港開放服務貿易的具體承諾的補充和修正十
	附件 1：內地在廣東省向香港開放服務貿易的具體承諾 附件 2：香港向內地廣東省開放服務貿易的具體承諾
	附件 1：內地向香港開放服務貿易的具體承諾 附件 2：香港向內地開放服務貿易的具體承諾 附件 3：關於「服務提供者」定義和相關規定
	附件 1：關於「投資者」定義的相關規定 附件 2：內地及香港的減讓表 附件 3：徵收
	不適用
	附件：產品特定原產地規則
	內地向香港開放服務貿易的具體承諾之表 1、表 2

在 CEPA 框架下，榮利集團有限公司於 2004 年 1 月 7 日持香港總商會簽發的 CEPA 產地來源證，率先以零關稅把港製貨物輸往內地。

（香港總商會提供）

CEPA 簽署二十載　互利共贏齊創新天

作為推進內地與香港之間的貿易和投資自由化與區域經濟一體化的關鍵舉措，CEPA 涵蓋了貨物貿易、服務貿易、投資和經濟技術合作四大範疇。

貨物貿易領域：所有符合 CEPA 原產地標準並附有原產地證書的香港原產貨物，進口內地時均可享有零關稅優惠。從 2003 年內地對原產香港的 273 種產品實施「零關稅」，到目前內地對所有符合原產地規則的香港產品實施「零關稅」，雙方已全面實現自由化。

服務貿易領域：香港服務提供者在多個服務領域可享有優惠待遇進入內地市場。香港的專業團體和內地規管機構亦已簽署了多項專業資格互認的協議或安排。從 2003 年內地對香港的 18 個領域採取了 41 項開放措施，到目前雙方已基本實現自由化，在融資租賃、會議展覽、建築工程、公路運輸等 62 個服務業部門對港完全實現了國民待遇，其他服務部門除少量限制性措施外也均實現了國民待遇。內地對香港服務業作全面或部分開放的部門共有 153 個，佔世貿組織全部 160 個服務貿易部門的 95.6%。在貿易投資便利化方面，內地與香港在貿易投資促進、產業合作、知識產權保護等十多個領域加強合作。兩地的金融合作、旅遊合作、專業人士資格互認工作也不斷地深化和拓展。通過高水準開放，CEPA 為香港企業和專業服務者打開了內地廣闊的市場，提供了更低的准入門檻、更廣的業務範圍和先發優勢，大量香港專業人士進入內地，突破了本地市場需求不足的限制，為產業發展提供了長遠支撐。協議中的最惠待遇條款，顯示內地對其他國家或地區提供優惠待遇，優於 CEPA 的會延伸至香港，保證香港繼續享受內地最優惠的開放措施。

投資領域：香港投資者在內地的非服務業享有優惠待遇，以促進和保護投資、便利投資。

表 12.2 投資協議

	投資准入	投資保護及便利
適用範圍	非服務業：包括製造業、礦業和資產投資	服務業和非服務業：協議生效前或生效後所作任何形式的投資，但不適用於協議生效前已解決的投資爭端。
內容	除《投資協議》附件 2 所列的 26 項措施外，內地承諾給予香港投資和投資者在非服務部門享有國民待遇。	保護和便利投資的措施，例如限制投資被徵收、補償損失、投資和收益可轉移至外地、簡化投資手續和要求等。
		設立解決機制，處理投資者指稱另一方政府違反協議實質性義務而引致其投資受損的爭端。

資料來源：工業貿易署

經濟技術合作領域：雙方同意在22個範疇加強合作，配合和支持兩地業界發展和合作，以及便利和促進兩地貿易和投資。

表 12.3 經濟技術合作的 22 個範疇

深化「一帶一路」建設經貿領域的合作	金融合作	旅遊合作
法律和爭議解決合作	會計合作	會展業合作
文化合作	環保合作	創新科技合作
教育合作	電子商務合作	中小企業合作
知識產權合作	商標品牌合作	中醫藥產業合作
深化泛珠三角區域經貿合作	支持香港參與自由貿易試驗區建設	深化香港與前海、南沙、橫琴合作
貿易投資促進	質量監督檢驗檢疫	透明度
專業人員資格的相互承認		

資料來源：工業貿易署

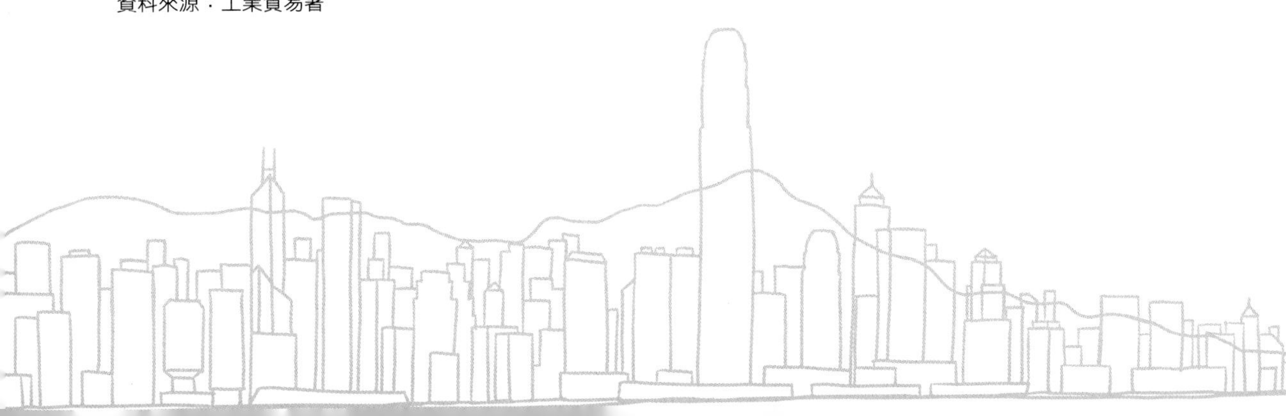

2011年9月16日，在「CEPA示範城市（區）香港推介洽談會」開幕式上，（左起）時任重慶市副市長劉學普、時任商務部部長助理俞建華、時任香港特區財政司司長曾俊華及時任香港貿發局總裁林天福，為「CEPA示範城市（區）」網站主持開通儀式。
（香港貿易發展局提供）

作為一個共贏的貿易協議，CEPA 令香港與內地的企業在未來繼續享有更多的經濟效益，為內地、香港及外國投資者帶來新的商機，協助香港商界開拓內地市場，讓香港成為內地企業「走出去」的最佳跳板，加速內地與世界經濟接軌。相信 CEPA 的不斷落實和深化，將促進內地服務業整體水準的提高，必將對兩地經濟發展和經貿合作起到更重要的推動作用。我們期待 CEPA 的完善，期待 CEPA 助力兩地實現最大化的互利共贏。

小故事：香港希瑪眼科落戶內地

許多香港學生都對「林順潮」這個名字很熟悉，會去林順潮眼科醫院檢查視力。世界各地很多人飽受眼疾之苦，甚至因而失去學習和工作機會。著名眼科醫生林順潮利用在香港多年的醫學經驗，於 2013 年透過 CEPA 成立內地首家香港獨資的眼科專科醫院——深圳希瑪林順潮眼科醫院，令很多人重見光明。

內地政府近年積極推進醫療改革，鼓勵發展私立醫療服務，希望做到公私營醫療雙軌並行，互補不足。作為全國人大代表，林順潮醫生全力支持國家醫改，身體力行將香港的優質醫療帶到內地，讓內地病人亦可享受同等的高水準服務。他表示：「CEPA 容許香港醫生在內地執業，並讓港資醫院在內地獨資經營，如果沒有 CEPA，我不會去內地開辦醫院。」

回顧初到深圳時，醫院面對不少挑戰。深圳並非醫療領先的城市，人才相對廣州、北京、上海等缺乏。但這並無阻林醫生的決心，反而讓他更堅決將自己在香港中文大學豐富的教學經驗及人脈帶到深圳，培養年青醫生。他曾說：「在深圳希瑪眼科醫院，我們的香港及外籍專家除了看診，還要培訓學生。我們希望把希瑪建設成一個優秀眼科醫生的搖籃，培育出具有國際水平及視野的眼科醫生。這個過程可能比較漫長，但我們會堅持下去。」林順潮希望以自己在內地開業的經驗作為一個成功的例子，鼓勵更多香港同業到內地發展。時至今日，希瑪眼科已陸續在內地深圳、北京、昆明、上海、珠海及惠州開設多家眼科醫院，相信未來會為更多病人帶來希望之光。

由香港旅遊發展局與北京市旅遊局合辦的「千人個人遊」計劃旅遊團，首團 260 名團友於 2004 年 9 月 1 日抵港，到達香港赤鱲角機場，神情興奮。

（南華早報出版有限公司提供）

港澳個人遊
赴港「自由行」

去維多利亞港看一場新年煙花，去太平山頂俯瞰香港的夜色霓虹，搭乘天星小輪、叮叮車遊覽香港的大街小巷，在茶餐廳喝一杯「絲襪奶茶」……來香港旅行，感受這裏的中西文化交匯，領略東方之珠的日夜交錯與川流湧動；與家人好友一起，拍下幸福的合照，留下難忘的回憶。這一切，全因為「自由行」的落實而得以實現。

作為一種新興的旅遊方式，「自由行」愈來愈受到遊客的青睞。遊客可以根據個人喜好，選擇酒店餐飲、規劃出行交通，沒有導遊隨行，可以隨意調整時間，也可以隨心改變行程。

香港經濟衰退　「個人遊」適時推出

港澳個人遊又稱「自由行」，是一個准許內地居民以個人方式前往港澳地區旅遊的計劃。2001 年香港受美國經濟低迷影響，經濟放緩，本地消費和投資急速下降，旅遊業受到打擊，全年經濟實質增長僅 0.5%。2002 年，經濟微弱復蘇；2003 年 3 月初，香港卻又爆發「嚴重急性呼吸系統綜合症」，經濟隨即於第二季度急速收縮。

2003 年 6 月 29 日，特區政府與國家商務部簽署 CEPA，加強內地與香港之間的貿易及投資合作，促進雙方共同發展。而「個人遊」計劃自 2003 年 7 月 28 日起在廣東省四個城市（東莞、中山、江門、佛山）試行。雙方加強在旅遊宣傳和推廣方面的合作，包括促進相互旅遊，以及開展以珠江三角洲為基礎的對外推廣活動。

「個人遊」實施前，內地居民大部分只可通過港澳商務簽注或參加「香港遊」，以組團方式來港。「個人遊」取代「香港遊」計劃，並開放「個人遊」城市的戶籍居民，可向當地公安局申請「個人遊」簽注來港旅遊，簽注有效期為三個月或一年，其間，持證旅客可多次來港，每次逗留不多於七天。

覆蓋範圍　逐漸擴大

2004 年 7 月，經過之前五次的逐步開放，「個人遊」開放城市總數達到 32 個，覆蓋總人口約 1.5 億人；開通範圍逐漸擴大至北京和上海兩個直轄市，以及江蘇、浙江、福建及廣東省全省。2005 年 11 月，「個人遊」擴展至成都、濟南、瀋陽及大連四個中國西部和東北部中心城市，令開放城市總數增至 38 個，覆蓋總人口約為兩億人。2006 年 4 月 20 日，港澳個人遊伸延至六個中國省會城市；2007 年 1 月 1 日，「個人遊」繼續擴展，最終開放城市總數達到 49 個。至此，中國省會和副省級城市除了哈爾濱、青島、西安、太原、蘭州、西寧、銀川、拉薩、呼和浩特及烏魯木齊等城市外全部開通。

2013 年 9 月 28 日，「個人遊」推出十周年，來自武漢的吳先生（前左一）一家憑「個人遊」簽注來港旅遊，並在香港太平山頂留影。

（新華社提供）

2004 年 1 月 30 日，時任入境事務處邊境管制科指揮官韋泉致送紀念狀及紀念品給第 100 萬位抵港的「個人遊」旅客肖曦先生。（香港特別行政區政府提供）

內地旅客經「個人遊」簽注來港人次，從 2003 年的 66.73 萬人次，增至 2007 年 859.31 萬人次，四年間增加 11.9 倍。於 2008 年 8 月 5 日舉行的粵港合作聯席會議第十一次會議上，粵港雙方同意加強兩地在旅遊上的合作。特區政府旅遊事務署與廣東省旅遊局共同簽署《粵港旅遊合作協議》。按照協議，廣東省有關部門開展對香港服務者在粵設立合資及獨資旅行社的審批工作，獲內地授權的香港旅遊企業在深圳以試點形式，為合資格的非廣東省籍居民開展迪士尼定點團隊旅遊，進一步擴大內地居民合資格來港「個人遊」所覆蓋的人數範疇。

強化旅遊合作　推出「一簽多行」

2009 年 3 月 30 日，深圳市公安局召開境內外媒體新聞發布會宣布，從 4 月 1 日起，實施為深圳戶籍居民辦理一年多次往返香港個人旅遊簽注，即「一簽多行」，該簽注有效期為一年，每次在香港逗留不超過七天。按「一簽多行」計劃，深圳戶籍居民一年辦一次簽注，即可無限次於簽注期內往來香港。計劃實施後，到該年 10 月底，超過 97 萬深圳居民人次持這類簽注訪港。據香港旅遊發展局的資料，2009 年訪港內地旅客 1796 萬人次中，「一簽多行」旅客佔 147 萬人次。

2009 年 12 月 15 日起，「個人遊」計劃擴展至常住深圳非廣東戶籍居民。翌年 12 月 15 日，措施進一步擴大至包括大部分在深圳受聘工作的非廣東省戶籍居民。2012 年 8 月，公安部公布，2012 年 9 月 1 日起推出新的出入境便利措施，允許常住於北京、天津、上海、重慶、廣州及深圳等內地本市戶籍就業人口和高等院校的在讀大學生異地提交出入境申請。2013 年，訪港內地旅客中，「個人遊」旅客的數目逾 2746 萬人次，持「一簽多行」個人遊簽注來港的內地旅客入境人次增至 1215.2 萬人次。

由「一簽多行」 到「一周一行」

「自由行」一方面惠及香港經濟，創造就業機會，另一方面也引發了一些社會問題。隨着「自由行」的實施，香港商業區的租金十餘年間增長了數倍。與此同時，遊客數量的增加也給香港接待旅客承載能力帶來壓力。特區政府於 2014 年 6 月向中央政府提出以「一周一行」替代「一簽多行」簽注。2015 年 4 月 13 日，公安機關正式停止向深圳市戶籍居民簽發「一簽多行」簽注，改為簽發「一周一行」簽注。實施「一周一行」後，到 2015 年底，訪港內地旅客人數由 2014 年的 4724.77 萬人次，下降至 4584.24 萬人次；「個人遊」人次，由 2014 年的 3135.54 萬人，同步回落至 2794.21 萬人，降幅 10.8%。

表 13.1　「個人遊」訪港旅客人次（2003 至 2019 年）

年份	「個人遊」人次	佔內地訪港旅客人次比例（%）	佔所有訪港旅客人次比例（%）
2003	667,271	7.9	4.3
2004	4,259,691	34.8	19.5
2005	5,550,255	44.3	23.8
2006	6,673,283	49.1	26.4
2007	8,593,141	55.5	30.5
2008	9,619,280	57.0	32.6
2009	10,591,418	59.0	35.8
2010	14,244,136	63.0	39.5
2011	18,343,786	65.3	43.8
2012	23,141,247	66.3	47.6
2013	27,464,867	67.4	50.6
2014	31,355,433	66.3	51.5
2015	27,942,111	61.0	47.1
2016	24,233,277	56.6	42.8
2017	25,379,600	57.1	43.4
2018	31,298,185	61.3	48.0
2019	25,115,558	57.4	44.9

數據來源：2019 年香港旅遊業統計，第 8 頁

2009 年 4 月，深圳開始接受居民申請以「一簽多行」方式來香港旅遊。4 月 12 日，有內地旅行社藉機推出平價旅行團，不用百元即可遊覽香港迪士尼樂園。（中新圖片提供）

2020 年 1 月 28 日，因 2019 冠狀病毒疫情，國家移民管理局宣布，自即日起暫停辦理內地居民往來香港的旅遊簽注。

多年來，香港「個人遊」政策對於香港社會具有正反兩方面的效應，但對香港的整體發展和利益而言，卻是及時而重要的提振措施，而這一政策的不斷完善，也反映了國家切實關心港人的需要和福祉。在可期的未來，「個人遊」政策將進一步優化，繼續發揮雙贏作用，行穩致遠。

2003年11月19日，北京人民大會堂，時任香港金融管理局總裁任志剛（左）與時任中國人民銀行行長周小川（右）在簽訂香港經營人民幣業務合作備忘錄後握手慶祝。

（Mark Ralston/South China Morning Post via Getty Images）

積極推動 香港離岸人民幣業務

目前在香港，市民可以通過銀行自助提款機（ATM）從港幣戶口中直接兑換及提取人民幣現金、投資以人民幣計價的債券、股票，進行貿易結算……這些便利，都是香港離岸人民幣業務的豐碩成果。

2003 年 12 月，中國人民銀行（人民銀行）在香港委任境外首家人民幣業務清算行，翌年 2 月香港推出存款、匯款等四項個人人民幣業務，成為第一個發展人民幣業務的離岸市場。18 年來，新加坡、英國倫敦等全球多處陸續設立離岸人民幣市場；截至 2021 年底，香港仍擁有中國內地以外最龐大的人民幣資金池；全球 70% 以上的人民幣支付通過香港的人民幣即時支付結算系統進行結算；擁有滬港通、深港通、債券通等進出內地資本市場的獨有渠道，這些都支撐着香港成為全球最大的離岸人民幣業務樞紐。在香港發展離岸人民幣業務，使國家能在風險可控下，有序推動人民幣國際化，同時鞏固及提升了香港作為國際金融中心的地位。

首設人民幣離岸市場　引導資金回流

1993 年以前，國家禁止人民幣在內地以外流通，1993 年 3 月起，內地允許每人每次可攜帶不超過 6000 元人民幣出入境，人民幣自此有合法渠道流入香港。個別香港銀行開辦人民幣與港元兑換業務，但境外的人民幣大部分只能通過民間渠道回流內地。2001 年 11 月，時任香港金融管理局（金管局）總裁任志剛帶領香港銀行公會代表團往北京訪問，向國家外匯管理局（外匯局）提出在港發展人民幣業務的可能性，建議研究建立合適機制，讓人民幣回流內地，並監測人民幣的跨境流動。任志剛指出，國家改革開放後，經濟急速增長，成為全球最大規模經濟體系之一，加上國際貨幣體系多邊化的需要，人民幣逐漸成為區內以至全球的主要貨幣，香港作為中國的國際金融中心，必須為此作好準備，以及提升其金融體系處理人民幣及其他交易的能力。香港開辦人民幣業務，有助維持香港的國際金融中心地位，亦切合內地經濟發展的迫切需要。在人民幣未完全自由兑換下，香港可以擔當內地金融市場自由化的試點，提供更多元化及國際化的資金融通渠道。

2002年2月起，金管局、中國人民銀行及外匯局展開實質磋商，形成方案。2003年11月，經國務院批准，人民銀行同意為香港試行辦理個人人民幣業務（存款、兑換、匯款、人民幣卡）提供清算安排；12月委任「中國銀行（香港）」（中銀香港）為清算行，開啟內地與香港之間人民幣資金透過銀行體系流動的新渠道。2004年2月25日，27間香港銀行正式推出個人人民幣存款、兑換及匯款服務。存款帳戶可每天兑換不超過20,000元人民幣、非存戶限每天6000元人民幣；並可每天匯款50,000元人民幣到內地同名銀行帳戶。4月，16家香港銀行獲批准加入中國銀聯，在港全面開展銀聯卡服務。起步階段的四項人民幣業務，主要為滿足兩地居民個人往來和小額旅遊消費的需要，引導在港人民幣現金回流。

2005年，香港銀行可接受商業零售、餐飲、住宿、交通、通訊、醫療及教育共七類行業商戶的人民幣存款；又允許香港居民開立人民幣支票帳戶，以支付在廣東的消費支出。個人匯款限額提高至每天80,000元人民幣，非存戶人民幣現鈔兑換限額提高至20,000元人民幣。

金融基建提升　「點心債」在港出爐

因應香港人民幣業務擴大，2006年3月，金管局及中銀香港推出全新人民幣交收系統（Renminbi Settlement System, RSS），並於翌年6月提升為人民幣RTGS 系統（Renminbi Real Time Gross Settlement System, RMB RTGS，又稱人民幣結算所自動轉帳系統），以即時支付結算方式處理銀行同業人民幣支付項目。相關金融基礎設施不斷完善，為日後更多其他以人民幣計價的交易做好準備。

2007年1月10日，國務院同意進一步擴大香港的人民幣業務，獲批准的內地金融機構可以來香港發行人民幣金融債券。相關暫行辦法在同年6月8日出台。7月，境外人民幣債券（點心債）首次在港發行，是國家開發銀行發行的50億元兩年期人民幣債券。

2008年12月，為應對國際金融危機的衝擊，國務院提出「擴大債券發行規模」，包括「允許在內地有較多業務的香港企業或金融機構在港發行人民幣債券」。2009年6月，在內地註冊的滙豐銀行（中國）和東亞銀行（中國）雙雙在港發行人民幣債券。9月，財政部首次在港發行人民幣國債，其後成為長期的制度安排。

2007 年 6 月 26 日，國家開發銀行在港舉行全球首筆「點心債」發行儀式，成為在香港發行第一隻人民幣債券的內地金融機構。（香港特別行政區政府提供）

2009年7月6日上午約9時10分，香港一家企業員工通過中國銀行（香港），辦理首筆跨境貿易人民幣結算業務，標誌着有關業務在香港正式啟動，揭開人民幣國際化序幕。（中新圖片提供）

跨境貿易結算　人民幣國際化起步

2009 年 7 月，跨境貿易人民幣結算試點推出，是香港人民幣業務發展一大分水嶺；同時也被視為人民幣國際化的起點。

在 2008 年全球金融危機中，美元、歐元、日圓等主要國際儲備貨幣匯率大幅波動，內地企業提出在跨境貿易中以人民幣結算，以降低匯兌成本，並獲得穩定的貿易融資。同年 12 月，國務院宣布以試點形式，允許內地及香港合資格的企業使用人民幣進行貿易支付。2009 年 7 月 6 日，香港與內地跨境貿易人民幣結算業務正式展開，香港銀行可為與內地貿易並以人民幣結算的企業，提供包括存款、兌換、匯款、支票及貿易融資的服務。香港的離岸人民幣業務對象由個人擴展至企業層面，香港人民幣資金亦由以往單向回流內地，變為雙向資金流動。內地支付香港的人民幣淨額，成為香港離岸人民幣資金的重要來源，資金池規模得以擴大。

2010 年 2 月，金管局與人民銀行對香港人民幣業務的監管原則和操作安排作出詮釋，明確「離岸事情離岸辦」的基本原則，7 月修訂《關於人民幣業務的清算協議》（清算協議），香港任何企業（包括金融機構）都可以開立人民幣銀行戶口，個人與企業帳戶間跨銀行轉撥人民幣資金再沒限制；香港銀行可向企業提供人民幣貸款。跨境貿易結算額其後錄得快速增長。

新制度安排亦進一步發揮香港離岸人民幣的投資貨幣功能。香港離岸人民幣銀行間外匯市場及拆借市場此時開始形成。2011 年 6 月，香港財資市場公會推出美元兌離岸人民幣（CNH）即期匯率定盤價，以此為參考匯率的人民幣外匯衍生產品相繼出現。2013 年 6 月，財資市場公會推出人民幣香港銀行同業拆息定價（CNH HIBOR Fixing），是全球人民幣離岸市場首個銀行同業拆息定價機制，離岸市場人民幣利率產品其後出現。

在港發行的人民幣計價證券自 2010 年開始更多元化，增加了離岸人民幣資金的出路，刺激對人民幣的需求。2010 年 7 月，合和公路基建成為首間在港發行人民幣企業債券的非金融機構，其後陸續有跨國企業、中資企業、國際金融機構發行點心債。2011 年 4 月，匯賢產業信託在港上市，是中國境外首隻以人民幣計價的股份。

互聯互通　相得益彰

2011 年公布的《中華人民共和國國民經濟和社會發展第十二個五年規劃綱要》（十二五規劃），提出「支持香港發展成為離岸人民幣業務中心」。8 月 17 日，時任國務院副總理李克強來港出席「十二五」規劃論壇，宣布多項措施，包括允許「人民幣合格境外機構投資者」（RMB Qualified Foreign Institutional Investors, RQFII）投資內地證券市場、允許內地企業在港發行人民幣債券、支持香港企業使用人民幣到內地直接投資等，以拓展香港與內地人民幣資金循環流通渠道，及支持離岸人民幣金融產品創新發展。

2011 年 12 月，香港成為首個 RQFII 試點地區。合資格機構逐步放寬之餘，投資額度亦從初期的 200 億元人民幣，逐步增加至 2700 億元人民幣。新加坡、英國、法國、韓國等地的金融機構於 2014 年起相繼獲批 RQFII 額度。到 2019 年末，RQFII 試點擴展至 21 個國家 / 地區。同年 9 月，外匯局一併取消 RQFII 額度與試點國家 / 地區限制。

繼 RQFII 推出，2014 年 11 月 17 日，「滬港通」開通，兩地投資者可進入對方的證券市場。2015 年 7 月，內地與香港基金互認安排（基金互認）啟動。2016 年 12 月，「深港通」實施。而「內地與香港債券市場互聯互通合作」（債券通）的「北向通」和「南向通」，分別於 2017 年 7 月及 2021 年 9 月正式開通。2021 年 10 月 12 日，深圳市人民政府在港發行 50 億元人民幣債券。這是內地市政府首次在境外發債，是推動人民幣國際化的重要里程碑。

明確定位 全球離岸人幣樞紐

2022 年 1 月底，香港離岸人民幣客戶存款及存款證總額達 11,135 億元人民幣，是中國內地以外全球最大的人民幣存款池。香港離岸人民幣債券的未償還總額 6730 億元人民幣，是全球最大離岸人民幣債券市場。貿易結算方面，2021 年 7 月底至 2022 年 1 月底，經香港銀行處理的交易額達 37,630 億元人民幣。2021 年全年，人民幣即時支付結算系統的平均每日成交量上升至 15,226 億元人民幣。香港的跨境支付佔總體接近 50%，持續排在第一位。2016 年公布的《十三五規劃綱要》，確立了香港由「離岸人民幣業務中心」發展為「全球離岸人民幣業務樞紐」；2021 年公布的《十四五規劃綱要》再次明確：「強化香港作為全球離岸人民幣業務樞紐」。

香港作為全球最大離岸人民幣資金池，推動了人民幣於國際上發揮投資、交易結算貨幣作用。人民幣於 2016 年納入國際貨幣基金會特別提款權（Special Drawing Rights, SDR）貨幣籃，代表國際社會對人民幣國際地位的認可。對此，中央政府指出，香港「功不可沒」。2021 年第四季，人民幣在全球外匯儲備中的佔比持續上升，達 2.79%，涉及 3361 億美元，創有紀錄以來新高；位列全球第五位。

2009年9月28日，國家財政部首次在香港發行人民幣國債，時任香港特區署理行政長官唐英年（左四）、時任財政部副部長李勇（右四）等出席發行儀式。這是中央政府首次在內地以外地區發行人民幣國債，此後成為一項長期的制度安排，對支持香港發展成為離岸人民幣業務中心具有重要意義。

（南華早報出版有限公司提供）

2014 年 11 月 17 日，港交所及上交所分別在香港、上海兩地同步舉行滬港通開通儀式。圖為時任香港特區行政長官梁振英（右六）、時任港交所主席周松崗（左六）在港交所為滬港通鳴鑼開市。

（南華早報出版有限公司提供）

滬港通、深港通
制度創新
雙向開放

簡稱「滬港通」的「滬港股票市場交易互聯互通機制試點」在 2014 年 11 月 17 日開通。香港與內地的個人及機構投資者，首次可以透過本地的券商及交易所，買賣對方市場上市的合資格股票，可以進行雙向的跨境金融投資。滬港通的開通，被形容為「東方明珠」與「東方之珠」交相輝映。在內地金融市場的雙向開放進程，以及香港金融發展史上，都是一座重要的里程碑。

而且，滬港通是一項長期的制度安排，時任香港交易及結算所行政總裁李小加說，打通第一條橋樑之後，連接其他市場的通道肯定會「陸續有來」。在滬港通順利運作兩年後的 2016 年 12 月 5 日，「深港通」正式登場，標誌着兩地資本市場的互聯互通進入新階段。滬、深、港三地股市形成共同市場，不僅促進內地與國際股票市場接軌，也鞏固香港作為主要離岸人民幣業務樞紐的地位，凸顯香港這個國際金融中心享有「一國兩制」的獨特優勢。

內地開放資本市場

在滬港通實行之前，香港、海外投資者要購買內地上市的股票，或內地投資者想投資港股，有哪些途徑呢？

1991 年，上海市及深圳市分別於 11 月 22 日及 12 月 5 日發布《人民幣特種股票管理辦法》，允許香港機構投資者及個人投資者投資 B 股。內地首隻 B 股 1992 年 2 月 21 日在上海證券交易所（上交所）掛牌。

2002 年 12 月 1 日，「合格境外機構投資者」（QFII）制度正式實施。這是內地資本市場未完全開放下的過渡性安排，允許合格境外機構投資者經核准匯入一定額度的外匯資金，兑換為當地貨幣，通過嚴格監管的專用帳戶投資內地證券市場。由此獲得的資本增值及股息，經批准後，可購匯並匯出境外。

2003 年 8 月 4 日，滙豐銀行成為首家獲中國證監會批出 QFII 資格的香港註冊成立金融機構，獲國家外匯管理局授予 QFII 投資額度 5000 萬美元。

2011年12月，內地與香港簽署CEPA《補充協議八》及其附件；人民幣境外合格機構投資者方式（RQFII）相關試點辦法隨即出台，允許符合條件的內地基金管理公司、證券公司在香港成立的子公司成為RQFII的試點機構。翌年1月，獲香港證監會認可的首批RQFII產品在香港發售。

南向金融投資方面，2001年，特區政府收集了國際投資銀行、香港證監會及金融管理局的意見後，向國務院建議設立「合格境內機構投資者」（QDII）制度。

QDII制度是內地實行資本及金融帳戶管制下，有限度允許內地投資者投資海外證券市場的過渡性安排。符合條件的內地機構，經內地監管部門批准後，在特定投資額度內，可通過專用帳戶投資海外證券市場。

2006年4月13日，中國人民銀行發布2006年第五號公告，允許銀行、基金管理公司等證券經營機構、保險機構在符合條件下進行海外證券投資。

2014年11月17日，時任上海市委書記韓正（左二）和時任中國證監會主席肖鋼（右三）共同在上海證券交易所鳴鑼開市，標誌着作為資本市場重大制度創新的滬港通正式啟動。（中新圖片提供）

滬港通試點　市場互聯互通

2013年11月12日，中共第十八屆三中全會通過《中共中央關於全面深化改革若干重大問題的決定》，決定推動資本市場雙向開放，有序提高跨境資本和金融交易可兌換程度，以及加快實現人民幣資本項目可兌換。

2014年4月10日，國務院總理李克強在博鰲亞洲論壇2014年年會開幕式發表演講時指出：「我們將積極創造條件，建立上海與香港股票市場交易互聯互通機制，進一步促進中國內地與香港資本市場雙向開放和健康發展。」同日，香港證監會和中國證監會發表聯合公告，原則上批准聯交所、上交所、中國證券登記結算有限責任公司（中國結算）和香港中央結算有限公司（香港結算）開展「滬港通」。

滬港通分為北向「滬股通」及南向「港股通」。滬股通是指投資者委託香港的證券公司，經聯交所設立的證券交易服務公司向上交所傳遞買賣盤，買賣指定範圍內在上交所上市的股票。港股通是指投資者委託內地證券公司，經上交所設立的證券交易服務公司，向聯交所傳遞買賣盤，買賣指定範圍內在聯交所上市的股票。

滬股通成分股為上證 180 指數、上證 380 指數成分股及同時在上交所及聯交所上市的內地註冊成立股份有限公司所發行的 A 股。啟動初期的名單上共有 568 隻在上交所上市股票。而港股通成分股為恒生綜合大型股指數、恒生綜合中型股指數成分股，以及同時在上交所及聯交所上市的內地註冊成立股份有限公司所發行的 H 股。啟動初期共有 268 隻在聯交所上市的股票入選。

滬港通實行初期對人民幣跨境投資額度實行總量管理，滬股通額度為 3000 億元人民幣，每日額度為 130 億元人民幣；港股通總額度為 2500 億元人民幣，每日額度為 105 億元人民幣。

2014 年 11 月 17 日早上，滬港通開通儀式通過視像連線，在上海和香港兩地同步舉行，上交所、港交所同時鳴鑼開市。北向滬股通的首筆交易為內蒙古伊利實業集團股份有限公司；而南向港股通的首隻成交股份為騰訊控股。

時任港交所行政總裁李小加指出，滬港通是「以最小的制度成本，換取最大的市場成效」。結算交收全程封閉，整個人民幣與港幣的兑換過程，在境外完成。即內地投資者使用人民幣交易，人民幣到香港後才換成港幣，投資港股，賣出股票後，再兑換回人民幣。而國際投資者則在香港先把港幣兑換成人民幣，進入上海市場購買 A 股，賣出後取回現金。兩地市場結算淨量過境，實現最小跨境流動，風險受控。兩地交易所全程均分收入，無論哪個市場吸引資金較多，彼此收益完全一致。

開通首日，流入內地 A 股市場的海外資金，比內地南下資金為多。北向滬股通 130 億元人民幣額度於當日下午 2 時前用完，全日成交金額 120.82 億元人民幣。南向港股通全日成交金額 23.44 億元，即用去 16.8% 額度。開通首月，南向港股通全月買入淨額 36.65 億元人民幣；北向滬股通則為 405.54 億元人民幣。首月外資透過滬港通流入內地證券市場淨額為 368.89 億元人民幣。

深港通：兩地市場　自主探索

在滬港通機制宣布建立的翌日，即 2014 年 4 月 11 日，中國證監會新聞發言人已表示，在滬港通試點經驗的基礎上，下一步深、港兩地市場可以自主探索包括互聯互通在內的各種合作形式。到了 2016 年 8 月 16 日，國務院批准《深港通實施方案》。中國證監會與香港證監會發表聯合公告，宣布批准設立深港股票市場交易互聯互通機制（深港通）。深港通不設總額度限制，但保留每日額度限制，額度與滬港通相同；並同時取消滬港通的總額度。

關於北向深股通投資範圍，包括市值 60 億元人民幣及以上的深證成分指數及深證中小創新指數成分股、深交所上市的 A+H 股公司股票；而南向港股通投資

2016 年 12 月 5 日，香港、深圳兩地同步舉行深港通開通儀式。時任港交所主席周松崗（左）及時任深交所副總經理金立揚（右）互送紀念品。深港通是在滬港通所建立的堅實基礎上又一突破。（Anthony Wallace/AFP via Getty Images）

範圍，包括恒生綜合大型股指數成分股、恒生綜合中型股指數成分股、市值在 50 億元以上的恒生綜合小型股指數成分股及在聯交所上市的 A+H 股公司所發行股票。啟動前夕，深交所公布的南向港股通合資格證券共 417 隻；北向深股通合資格證券共 881 隻，當中深交所創業板股票佔 203 隻。

2016 年 12 月 5 日，深港通正式啟動。第一單交易由境外投資者買入康佳集團股份有限公司。深股通啟動首日總成交額 26.69 億元人民幣，使用額度 27.11 億元人民幣，佔每日額度的 20.9%；同日滬股通全日成交金額為 68 億元人民幣。同日，深港通下南向港股通的第一單交易，為內地投資者以 24,500 元買入滙豐控股 400 股。深港通啟動首日，內地投資者買入金額為 9.02 億元（8.23 億元人民幣），賣出金額為 2100 萬元（1800 萬元人民幣），使用額度為 8.5 億元人民幣，佔每日額度的 8.1%；同日滬股通下的港股通全日成交金額為 44.27 億元。

持續優化　領域拓寬

滬、深港通機制開通之後，不斷優化。2015 年 3 月 2 日起，海外投資者獲得和內地投資者相同的沽空 A 股資格，可以通過滬股通沽空在上交所上市的 414 隻 A 股。3 月 27 日，中國證監會發布交易指引，明確基金管理人募集新基金不需具備 QDII 資格，亦可通過滬港通投資香港市場特定股票。2016 年 9 月 9

日，中國保監會允許保險機構經滬港通投資內地及海外證券市場；2017 年 6 月底，中國保監會明確指出，保險機構可投資深港通下的港股通股票，保險資金可以通過證券投資基金投資港股通股票。此外，監管機構為回應市場需求，自 2018 年 5 月 1 日起，滬股通及深股通每日額度均調高到 520 億元人民幣，滬港通下的港股通及深港通下的港股通每日額度，亦調整為 420 億元人民幣。

2021 年，滬深港通北向及南向交易均錄得強勁流量，平均每日成交金額較 2020 年分別上升 32% 及 71%，分別創人民幣 1201 億元及 417 億元新高。南向交易於 2021 年 7 月 27 日創 1022 億元單日新高。2022 年 1 月，滬深港通的持股價值為 25,360 億元人民幣，其中滬股通佔 13,280 億元人民幣，深股通是 12,080 億元人民幣。港股通的持股價值為港幣 22,540 億元。

滬、深港通開通後，內地與香港先後落實多項資本市場雙向開放的安排，包括 2015 年內地與香港基金互認安排（基金互認），允許合資格的內地與香港基金透過簡化程序，在對方市場向公眾投資者銷售。而債券通在 2017 年 7 月 3 日啟動，第一步先開放「北向通」，讓境外投資者透過互聯互通機制，投資內地銀行間債券市場。至於債券通的「南向通」，亦於 2021 年 9 月 24 日正式開通。

2016 年 12 月 5 日，時任廣東省委書記胡春華（右六）在深交所為深港通開通儀式鳴鐘開市。（中新圖片提供）

小故事：一張餐巾紙 兩市互聯通

「滬港通」、「深港通」……這些將內地和香港證券市場連通起來的制度創新，是怎樣被構思出來的呢？

2016 年 12 月 5 日，時任港交所行政總裁李小加在深港通開通儀式上致辭時，談起「滬港通」的誕生細節。

2012 年 12 月，李小加到深圳參加國際期貨大會期間，和時任上海證券交易所理事長桂敏傑坐在當地一家小茶館裏，討論如何將香港、上海及深圳股市互聯互通。大家想到什麼，就在一張餐巾紙上寫寫畫畫，滬港通的基本框架設計，就在一張餐巾紙上逐漸成型。

當時李小加等人建議，按內地習慣先搞試點，選出五至十隻股票，試行互聯互通機制，比較容易獲得接納。當他們向中國證監會等部門匯報有關方案時，領導卻問：「為什麼不全面開放？」

2014 年 4 月 10 日，香港證監會和中國證監會發表聯合公告，原則上批准聯交所、上交所、中國證券登記結算有限責任公司和香港中央結算有限公司開展滬港通試點。同年 11 月 17 日滬港通啟動時，北向的滬股通名單上有 568 隻 A 股、南向的港股通則有 268 隻港股可供投資。2022 年 3 月底，滬股通及港股通分別擴展到 592 隻和 385 隻。

（中新圖片提供）

主題四

奧運夢・航天夢・中國夢

概述

1997年7月1日，香港回歸祖國，在「一國兩制」方針下，香港保留了國際奧委會正式會員身份，香港特區從此可以「中國香港」的名義參與國際體育比賽。回歸25年以來，香港在國際體壇上嶄露頭角，先後培養出多位世界級名將，並勇奪奧運獎牌，這不僅是香港運動員多年來艱苦奮鬥、努力不懈的結果，更是國家大力支持香港體育發展的成果。為了協助香港栽培體育人才，國家同意讓香港運動員到內地受訓，提供訓練場地和技術指導，以提升本港運動員的競技水平。為了回饋祖國對香港的支持，香港的愛國人士亦長期為國家的體育發展殫精竭慮，傾囊相助，貢獻良多。除了在體育項目見到國家對香港的關懷、愛護，在航天事業上國家和港人攜手並進，憑着同一份熱忱，一同追夢，實現同一個航天夢。港人為國家航天成就感到自豪的同時，也在科研技術方面參與到國家航天飛速發展的道程中，為國家航天夢、中國夢偉大使命的圓滿發揮作用。

憑着同一顆拳拳愛國之心，港人多年來為推動國家體育事業發展也一直是不遺餘力，其中霍英東更是厥功至偉。早於1970年代前，霍英東便為恢復國家在不同國際體育組織的席位四處斡旋，並自1990年代起參與申辦奧運的策劃和推廣工作，遊說國際奧委會的執委，爭取為國家實現百年奧運夢。在北京成功申辦2008年奧運會後，港澳台及全球愛國僑胞紛紛捐資建造國家游泳中心「水立方」場館，霍英東更捐資兩億港元，是所有北京奧運場館建設中收到的最大一筆個人捐款。同時，曾憲梓、李兆基、李嘉誠等愛國商人也踴躍捐資，充分體現中華民族偉大的團結精神和香港同胞的愛國之情。

「同一個世界，同一個夢想」是北京奧運的口號，對於香港而言則是「同一個國家，同一個夢想」，國家實現百年奧運夢想，香港亦憑藉自身優勢參與其中，協辦北京奧運馬術項目，歷史意義非凡，亦加深港人對國家民族的自豪感。香港擁有悠久的賽馬歷史和傳統，並具備先進的馬場建設、完善的馬匹檢疫和藥檢設施。2005年7月，在得到國家的全力支持下，國際奧委會批准香港協辦北京奧運的馬術項目。此後，特區政府帶領全港市民上下一心，全力展開籌備工作。在兩年多的時間建造世界一流的比賽場地，更有不少港人報名參與奧運義工計劃，展現了港人作為國民的擔當。北京奧運期間，全港市民更透過觀看奧運直播，為國家隊健兒打氣，充分展現了港人的愛國熱情和民族自豪感。憑着國家的支持和信任，以及港人發揮迎難而上、積極進取的精神，香港成功協辦「高水平、有特色」的奧運馬術比賽，向世人展示「一國兩制」的成功落實，以及香港作為國際大都市的魅力。

回歸以來，中國香港隊在歷屆奧運會合共奪得一金三銀四銅的佳績。香港體育發展卓有成效，實歸功於國家長期為香港運動員及香港體育界提供大量培訓機會、技術支援和經驗交流，使得香港運動員得益於與國家第一流選手同場集訓的寶貴機會，從而在自身的水平上大有提升。例如香港短道速滑選手朱定文，就由於香港沒有專用訓練場地，多年來不辭勞苦地前往各個內地省市受訓，最終成功出賽北京冬奧。此外，香港單車、劍擊、乒乓球和游泳等多個體育項目的大量教練都來自內地，如在東京2020奧運會奪得獎牌的香港精英運動員當中的張家朗、李慧詩、杜凱琹、李皓晴、蘇慧音等都是由內地教練栽培拉拔成才。多年來由國家提供的支援和配套，終於讓香港運動員突破香港的資源和地理限制，實現成為奧運運動員的夢想。

回歸25年以來，在體育上，香港不僅以「中國香港」的名義，參與各項國際比賽，同時國家更為香港投入大量訓練資源和技術支援，充分展示「一國兩制」之下的優勢。回歸以來，香港與內地體育交流日益頻繁，如香港運動員參加全運會、奧運健兒訪港，以及近年的大灣區體育交流、各體育項目交流日趨密切。展望未來，隨着香港逐步融入國家大局，可期與內地在場地設施、人力資源及體育科技進一步深化合作。憑藉國家作為強大的後盾，香港運動員定能在奧運比賽場上發光發亮，成為國家在體育上的一顆璀璨明珠。而在國家的航天之路上，港人素來有巨大的熱情，也憑藉參與國家航天專業的技術研究和項目研製中發揮作用，而隨着香港和內地航天教育深化合作，在「一國兩制」行穩致遠的道路上，相信香港年輕人定能為國家的航天事業作出更大的貢獻，「港產」航天員的出現也定必指日可待！

形似藍色氣泡的國家游泳中心「水立方」，是2008年北京奧運會主要的水上項目比賽場館，亦是北京奧運會的標誌性建築物之一。（Cheng Gong/Visual China Group via Getty Images）

港人捐資建設「水立方」

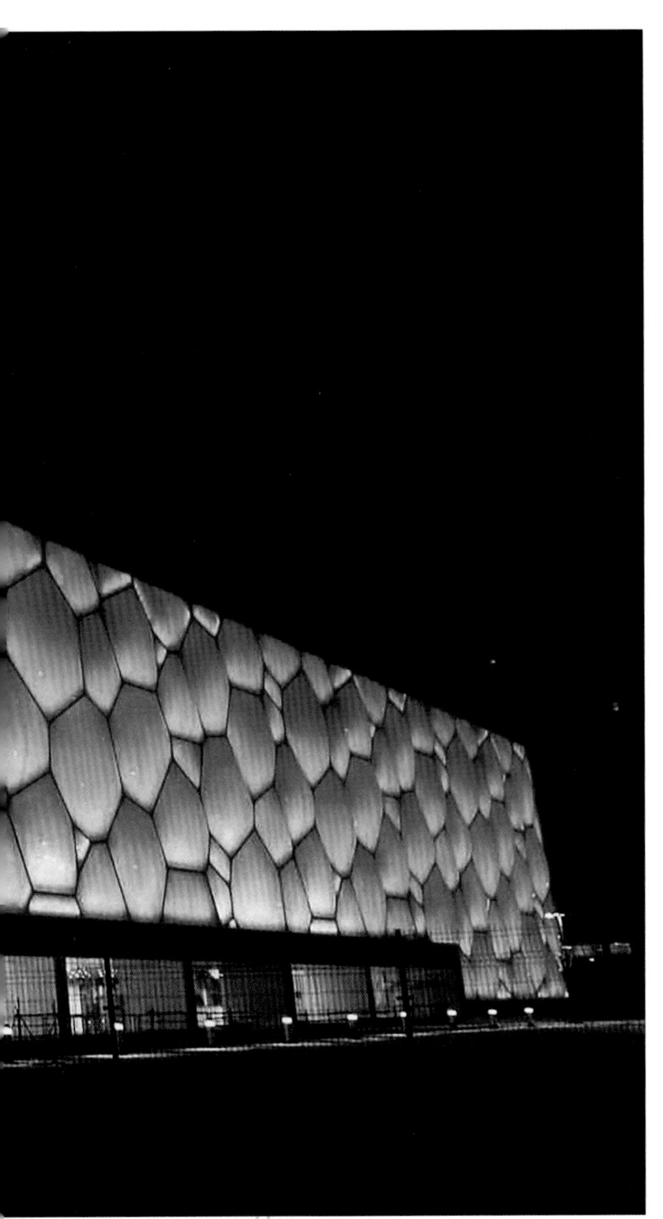

奧運夢圓　各界共建「水立方」

奧運會是全球最受矚目、雲集世界最頂級運動員的體育盛事。2001 年 7 月 13 日，時任國際奧委會主席薩馬蘭奇宣布：北京成為2008年奧運會主辦城市。「百年奧運，中華圓夢」，北京奧運會不僅是國家盛事，更是海內外每一個中國人心中的夢想和驕傲。

奧運會是全球運動員最頂級的競技場，對比賽場館的要求極高。北京申奧成功後，遂決定興建多座大型體育場館，以滿足運動員、觀眾和不同比賽項目的需求。2002 年開始，12 座新建體育場館的設計方案陸續通過，其中最著名的莫過於國家體育場「鳥巢」和國家游泳中心「水立方」。耗資超過十億元人民幣的「水立方」是唯一一座由民間捐資建造的場館，來自百多個國家和地區的 35 萬多位港、澳、台地區同胞及海外華僑華人合共捐款 9.4 億元人民幣，可謂是一座由港澳台僑人士用愛國之心凝聚的「水晶宮」。

2008 年 1 月 28 日，國家游泳中心「水立方」竣工後，時任北京奧組委主席劉淇與捐資人代表港協暨奧委會會長霍震霆握手。耗資超過十億元人民幣的「水立方」是唯一一座由民間捐資建造的場館，是 35 萬多位港澳台僑人士用愛國之心凝聚的「水晶宮」。（中新圖片提供）

北京申奧成功後本不欲接受民間捐款，一方面不想增加民間負擔，另一方面認為在中央和全國人民的支持下，北京有信心、有能力辦好此屆奧運會。但在各界強烈要求下，北京市政府決定破例接受港、澳、台地區同胞及海外華僑華人捐贈，以讓他們一圓長年以來為北京奧運作出貢獻的願望。2002 年底，一向關心和積極捐助國家體育事業發展的香港商人霍英東，在北京國際會議中心參觀「鳥巢」和「水立方」的設計模型時表示：「我要為國家游泳中心捐兩億港元！」2004 年 1 月 24 日，霍英東正式通過香港霍英東基金會向「水立方」捐資兩億港元，這是北京奧運場館建設中收到的最大一筆個人捐款。

除了霍英東，香港商人曾憲梓、李兆基、李嘉誠、楊孫西、鄭裕彤、郭炳湘等人也紛紛向「水立方」捐資，他們與其他地區的捐資同胞及華僑共 19 人在北京奧運會開幕式翌日獲頒捐資共建功勳榮譽章。時任北京奧組委主席劉淇表示：「國家游泳中心具有特殊意義，它是以港澳同胞、台灣同胞和華僑華人捐資為主建設的，這個場館的建設將體現中華民族偉大的團結精神，將體現港澳同胞、台灣同胞和海外華僑華人的愛國之情，將為中華民族的奧運史留下一個永昭世人的標誌性建築。」

一生推動國家體育發展——霍英東

霍英東是香港著名愛國商人，他不僅是投資國家各項實業的先驅者，亦是中國「民間體育外交」負責聯繫和遊說的重要人物。新中國成立之初，國家幾經戰爭，百廢待舉、人民多難，幾乎所有國際體育組織都沒有中華人民共和國的席位。霍英東有感如果不摘掉「東亞病夫」的帽子，則民族難興、國家無望。因此，他把體育運動視為振興中華的重要象徵和手段，為國家重返國際體壇、為中國運動健兒重返國際賽場，一直不遺餘力地遊走斡旋。

體育承載着國家強盛、民族振興的夢想。在霍英東的不懈努力下，中國在國際體壇的地位和認受性逐漸大大提高。1970 年代起，國家先後恢復國際足球聯合會、國際籃球聯合會、國際羽毛球聯合會等合法席位，並於 1979 年重返國際奧委會。1984 年洛杉磯奧運會，是新中國成立後首次重返奧運賽場，並取得亮眼成績。為了表示慶賀，霍英東成立「霍英東體育基金」，用以獎勵為國爭光的中國奧運健兒。1984 年，北京成功取得 1990 年亞運會的舉辦權，霍英東隨即宣布捐資一億港元在亞運村興建當時亞洲最大的游泳館——「英東遊泳館」，並斥資興建高級酒店「貴賓樓」，以接待前來參加北京亞運會的嘉賓。

隨着國家不斷發展，中國成功申辦奧運會成為霍英東一生的最大夢想，他和長子霍震霆亦一直為此夢想而努力。在霍英東看來，申奧成功不僅代表中國體育的勝利，更意味着世界對中國進步的認可。1991 年，北京首次申辦奧運會，霍英東不僅多次向薩馬蘭奇進行遊說，更以中國奧委會的名義向當時正在瑞士洛桑籌辦的奧林匹克博物館捐款 100 萬美元。是次申奧雖然失敗，但是霍英東父子卻沒有就此放棄。2001 年，北京第二次申辦奧運，年事已高的霍英東仍然不斷遊說國際奧委會執委，甚至還參與了申辦奧運的策劃和推廣工作。北京申奧成功當晚，健康狀況已不容許霍英東到莫斯科現場，但獲霍震霆電話告知時，仍激動得徹夜難眠，這一天他已經等待很久了。霍震霆曾說，霍英東雖然不是中國申奧委員會的成員，但卻是北京申辦奧運會最得力的幕後活動家。

2001 年 7 月 13 日，霍英東懷着興奮的心情，與眾多香港市民一起在九龍公園慶祝北京申奧成功，見證國家百年奧運夢圓。（中新圖片提供）

2008 年，在國家和社會各界的支持下，北京奧運會順利舉行。國家運動健兒為國爭光、取得驕人成績，以 48 枚金牌、100 枚獎牌總數高踞榜首，讓全世界驚嘆不已。但令人遺憾的是，在北京奧運會舉辦前的 2006 年 10 月，霍英東已經離世，未能見證這場他心心念念的國家盛事，不過他對國家體育事業做出的貢獻，將永遠被世人銘記。

從「水立方」到「冰立方」

國家游泳中心，又名「水立方」，是 2008 年北京奧運會主要的水上項目比賽場館，亦是北京奧運會的標誌性建築物之一。「水立方」由中國建築工程總公司、澳大利亞 PTW 建築師事務所、ARUP 澳大利亞有限公司聯合設計，總建築面積為 65,000 至 80,000 平方米，內有五個游泳池，能容納 17,000 名觀眾。外形看似簡單的「水立方」，其實是中國傳統文化和現代科技的完美結合。首先，其方正的外形源自於中國「無規矩不成方圓」的理念，方形是中國古代城市建築最基本的形態，體現了中國文化中以綱常倫理為代表的社會生活規則。此外，方形的「水立方」亦與圓形的國家體育場「鳥巢」遙相呼應，體現中國古代「天圓地方」的哲學思想。其次，「水立方」的建築外牆以高科技半透明的 ETFE（乙烯四氟乙烯共聚物）外膜覆蓋，形似一個藍色的氣泡，這種獨特的幾何結構建成的場館不僅具有重複性和可塑性，其外觀也顯得自然而隨意。與玻璃相比，ETFE 覆層的透光性更好，隔熱性更佳，更可在下雨時發揮徹底的自潔功能。「水立方」將傳統文化與現代科技，將建築設計與自然環境完美融合，令人歎為觀止。

2008 年北京奧運會期間，「水立方」見證中國及世界運動健兒創造一個又一個奇蹟，在「水立方」舉辦的各項賽事，共產生 42 塊獎牌及打破 25 項世界紀錄。北京奧運會結束後，「水立方」繼續承擔着舉辦國際大小賽事的重任，且內部的一部分亦被改造成「水立方嬉水樂園」，開放予公眾使用。2022 年北京冬季奧運會期間，「水立方」被改建為冰壺館，期間更名為「冰立方」，繼續見證奧運健兒在賽場上的英姿颯爽。

2001 年 7 月 13 日，香港各界在香港九龍公園熱烈慶祝北京申奧成功。（中新圖片提供）

奧運會不僅是一場各國運動員互相競技的國際盛事，也是一場規模宏大的經濟文化展示盛會。2008 年北京奧運的成功舉辦，標示着國家正式走上體育強國之路，民間共同捐資興建「水立方」更是凸顯了港、澳、台地區同胞及海外華僑華人與國家血濃於水的根脈親緣，充分體現了「同一個國家，同一個夢想」的團結精神。霍英東憑藉對國家的忠誠和對體育的熱愛，「出錢出力」，為國家體育事業衝出亞洲、走向世界創造了有力條件。今時今日，國家在體壇上取得的地位和耀眼成績，是社會各界人士共同努力和推動的結果，亦是無數運動健兒在賽場上努力揮灑汗水的成果。一屆奧運會結束，但中國人的奧運夢才剛剛開始。體育強則中國強，國運興則體育興，體育承載的強國之夢，將會在祖國和香港的下一代身上延續，一代又一代的年輕人將不斷投身至國家體育事業發展當中，與世界共同見證國家在體育強國的道路上愈走愈遠。

2008年5月2日，北京奧運聖火傳遞活動中國區首站在香港舉行，香港單車運動員黃金寶擔任最後一名火炬手，將聖火送抵灣仔金紫荊廣場。

（香港特別行政區政府提供）

香港特區協辦北京奧運馬術項目 共同的願望 共同的喜悅

中華百年奧運夢，零八相約在北京。2001 年 7 月 13 日，時任國際奧委會主席薩馬蘭奇宣布：北京成為 2008 年奧運會主辦城市。那天晚上，舉國歡騰，海內外的每一位中國人心中都非常激動。中國終於實現了中華民族的百年夢想，回答了百年前國人提出的問題：「我們的國家什麼時候能夠舉辦奧運會？」2005 年 7 月 8 日，香港在得到國家的全力支持下，國際奧委會宣布接納北京奧組委的建議，讓香港協辦北京奧運的馬術項目，成為奧運馬術之都，與祖國見證歷史的誕生，實現共同的願望，感受共同的喜悅。

2008 年 5 月 2 日，北京奧運聖火傳遞活動中國區首站就在香港舉行，既凸顯香港作為中國特別行政區和協辦北京奧運馬術比賽的特殊地位，更向全世界展示香港作為國際大都市的魅力，以及全港市民對奧運的熱情。就讓我們一起來回顧當時的協辦過程和比賽點滴。

京港同心　協辦奧運

馬術比賽是奧運會的體育項目之一，亦是少數男女運動員可以同場競技的體育項目，至今已有逾百年歷史。香港得以成功協辦馬術項目，既有賴其深厚的賽馬歷史和傳統，亦歸功於北京奧組委的支持和爭取。

在 2001 年北京成功申辦奧運之初，北京奧組委原計劃將馬術賽場設在北京順義區的鄉村賽馬場。當時，內地的馬匹檢疫標準與外國不同，而按照比賽規定，主辦單位須在鄰近比賽場地的方圓 35 平方公里內建立「無疫區」，即在規定範圍內沒有指定馬匹疫病的區域，並須設有馬匹醫院和動物疫病預警系統等防疫措施。這些要求對當時的北京及其他內地城市而言，實在難以在短時間內達到。這就成為了香港協辦北京奧運馬術項目的契機。

香港的賽馬運動始於 1845 年，擁有悠久歷史和傳統，這使得香港擁有世界一流的馬場建設、完善的馬匹檢疫和藥檢設施，具備協辦北京舉辦奧運馬術項目的天然理想條件。2004 年 9 月 2 日，港協暨奧委會會長霍震霆向北京奧組委提出由香港協辦馬術項目。2005 年 1 月 27 日，北京奧組委同意香港分辦 2008 年北京奧運會的馬術項目。

2008 年 7 月 6 日，時任國家副主席習近平訪港，實地考察奧運會馬術場地，讚揚特區政府為奧運馬術比賽投入大量人力、物力和財力，為成功舉辦奧運馬術比賽建立良好基礎條件。（BOBBY YIP/AFP via Getty Images）

2008 年 8 月 8 日，各國奧運馬術運動員代表在沙田場館聚首一堂，出席 2008 奧運馬術比賽歡迎晚會。（美聯社提供）

2008 年 8 月 15 日，香港騎手林立信參加奧運會馬術場地障礙賽，成功以零罰分躍過所有障礙，賽後接受全場觀眾的熱烈祝賀。（美聯社提供）

萬事俱備，只欠東風。雖然香港具備優良的馬場設施與配套，但在當時，香港若要成功協辦奧運，還須得到國際奧委會和國際馬聯的一致同意。國際馬聯認為，雖然香港達到無疫區的要求，但如把馬術項目設在香港舉行，馬術運動員便失去與其他項目運動員交流的機會，不利馬術運動的長遠發展。在港協暨奧委會、北京奧組委和國際奧委會與國際馬聯進行多次磋商，致力爭取各方支持下，2005 年 7 月 8 日，國際奧委會決定接納北京奧組委的建議，宣布將奧運和殘奧會的馬術項目移師香港舉行。當消息傳到香港，全港市民振奮雀躍，歡呼雷動！這是香港的第一次，也是國家第一次舉辦奧運比賽項目，不僅是香港體育史上的重要一頁，更讓香港和北京攜手實現奧運夢，將全國同胞與香港市民的心緊緊連繫在一起，意義非凡！

馬不停蹄　各方籌備

為了迎接這場百年一遇的盛事，協辦一個「高水平、有特色」的奧運馬術比賽，香港特區政府隨即展開籌備工作。2005 年 10 月 5 日，特區政府成立奧運會馬術比賽委員會（下稱奧馬委），統籌馬術比賽的工作，其後又設立馬術比賽（香港）有限公司（下稱奧馬公司），作為執行機構，負責日常籌辦工作。馬會作為特區政府的合作伙伴，負責出資設計及興建比賽場館，以及支援馬匹檢疫和進出口事宜。

當特區政府確立組織架構後，馬會便全力推進場館建設工作，力求在最短時間內建造世界一流的比賽場地。早在香港成功爭取協辦馬術比賽前，馬會已建議特區政府以沙田馬場及其附近的彭福公園和香港體育學院為基礎，用作舉行盛裝舞步賽和場地障礙賽，並設立可容納 18,000 名觀眾的主場館、訓練場地、馬房、馬匹醫院等設施。位於上水馬會雙魚河鄉村會所及毗連的香港哥爾夫球場則臨時改建成越野賽道，用作舉行越野賽項目。有關建議很快便得到特區政府、北京奧組委和國際馬聯的同意，其後在 2006 年 7 月正式動工。

場地施工期間，奧馬委於 2007 年 8 月舉辦「好運北京——香港回歸十周年盃馬術三項賽」，作為奧運馬術的測試賽，以測試沙田和雙魚河兩個場地的競賽跑道、基礎設施和支援設施，確保翌年的奧運賽事能夠順利舉行。2008 年 5 月至 6 月，兩個場地正式完工，並移交奧馬公司使用。

香港在不到兩年時間裏，不僅成功建造世界一流的馬術賽場，更創造奧運馬術史上多個第一次：第一次為賽駒提供 24 小時空調的「六星級」馬房；第一次為奧運賽駒備有室內空調訓練場；第一次為賽駒提供流動降溫裝置；第一次在比賽場地設立化驗所，為馬匹進行藥檢；第一次在哥爾夫球場進行越野賽等，充分展示了香港在協辦奧運馬術項目的巨大熱情和創見。

在籌備過程期間，北京奧組委一直與香港各方單位緊密合作，共同籌辦奧運馬術比賽。北京奧組委負責賽事項目的操作及管理，以及籌辦比賽的直接相關費用，並定期與奧馬委溝通，跟進籌備進度；香港特區政府負責為比賽提供安保、檢疫、醫療衞生、氣象和社區參與等服務。2008 年 7 月 6 日，時任國家副主席習近平訪港，其間實地考察馬術場地，並讚揚香港特區政府為奧運馬術比賽投入大量人力、物力和財力，為成功舉辦奧運馬術比賽建立良好基礎條件。這一切成果，實在有賴國家和北京奧組委的指導及協助、香港各界的全情投入，讓籌備工作事半功倍。

香港民間對於北京奧運的熱情巨大，社會各界投入參與，盛況空前。香港市民對參與奧運義工踴躍報名，親身參與奧運盛事。奧馬公司在 2006 年 11 月啟動奧運義工招募計劃，共獲得 18,000 位市民報名，並取錄其中 1800 人。奧運義工全都精通粵語、英語、普通話，部分更能操法語和德語，負責為運動員提供接待、翻譯和人流管理等服務。他們來自各行各業，但懷着同一顆對支援奧運的熱心、對國家的熱誠，為這場盛事貢獻自己的一分力量。同一時間，有約 240 名港人志願者親赴北京，擔任奧運義工。雖然到北京的奧運義工須自行承擔往返交通費用、培訓和志願服務期間的住宿和餐飲費用，但能夠親赴奧運現場見證國家的歷史一刻，參與其中，這份千載難逢的體驗和榮譽，展示了港人作為國民的擔當。

全城奧運熱 激揚愛國情

經過接近三年的精心籌備，2008 年 8 月 9 日早上 6 時 30 分，萬眾矚目的馬術項目在沙田主場地隆重舉行，不少市民為入場觀看香港首次舉辦的奧運盛事，更在場外通宵等候入場，首日賽事已有超過 10,000 人入場。雖然香港有過百年的賽馬傳統，但港人其實對馬術比賽這項運動非常陌生，卻本着對祖國的熱誠，對奧運的支持，香港市民投入了極大的熱情觀賽，每場都有逾萬名觀眾入場，歡呼聲、驚嘆聲此起彼落，氣氛熱烈非常。

奧運聖火燃起了港人對奧運的熱情，更燃起了港人的民族自豪感。北京奧運舉行期間，社會各界都聚焦於奧運的一切，電視新聞、報紙連日報道奧運開幕和比賽過程，大批市民都坐在商場的大熒幕前觀看奧運直播，全情投入，為國家隊運動健兒打氣，高喊：「中國加油！」市民的心弦，為比賽戰況所緊扣，國家隊健兒贏得獎牌時，現場歡呼雷動，掌聲不絕，觀眾激情澎湃，不少更為此流出喜悅的淚水。在香港的馬術場館，不時看到有市民穿上紅色、印有「我愛中國」等字樣的衣服，為國家隊和香港運動員打氣。奧運開幕式、運動員的出色表現、香港馬術的比賽情況，深刻地銘記在港人心裏，成為一代人的美好回憶。港人的愛國熱情，通過奧運會表現得淋漓盡致。縱使香港和北京相隔千里，但奧運已將兩個城市緊緊相連。

8 月 21 日，沙田主場地舉行最後一場比賽：場地障礙個人賽決賽，吸引了逾 15,000 名觀眾入場，雖然比賽當天三號風球懸掛，比賽期間更一度風雨交加，但風雨卻澆不熄運動員和觀眾的熱情，比賽場上的精彩競技，觀眾發自內心的喝彩和掌聲，為本屆奧運的馬術項目劃上了圓滿句號。

發揮獨特優勢　貢獻國家未來

憑着國家的支持和信任，港人發揮迎難而上、全力拼搏的精神，香港最終不負國家重託，協辦了一屆「高水平、有特色」的奧運馬術比賽。香港場地的高水準，也廣為各國選手稱頌，正如新西蘭選手馬克·托德所說：「場地和設施是世界最好的、世界頂級的、美輪美奐的。」2008 年 8 月 18 日，時任國際奧委會主席羅格在港致辭時說：「事實證明，由香港來協辦馬術比賽，是正確的選擇。」「這是難以用語言描述、比最好更好的奧運會。」

「同一個世界，同一個夢想」，這是中華民族的心聲，也是香港廣大市民的心聲。這次奧運會的成功，讓全世界看到「一國兩制」成功落實，香港充滿無比的幹勁和生命力，更激發了全港市民的愛國情懷，香港以身為中國人而感到無比自豪。香港將繼續發揮獨特優勢，積極融入國家發展大局，為國家的未來、成就中華民族的偉大復興而作出貢獻。

香港殘奧馬術騎手葉少康是香港唯一的參賽騎手，在高手林立的殘奧會，葉少康與馬匹「履冰之注」搭擋，出戰馬術盛裝舞步賽，挑戰自己的極限。（香港特別行政區政府提供）

2021 年 7 月 23 日，在東京 2020 奧運會開幕式上，謝影雪和張家朗擔任持旗手，帶領香港運動健兒進場。（MARTIN BUREAU/AFP via Getty Images）

東京2020奧運 志氣凌雲 共同拼搏

締造歷史　齊享奪金喜悦

2021年，中國國家隊於日本舉行的東京2020奧運會中共取得38面金牌、32面銀牌、18面銅牌，成績驕人。中國香港代表隊更超越前人，奪得一金兩銀三銅的歷史性佳績，贏得香港回歸以來的首面奧運金牌，更打破香港奧運史上的最佳單屆成績。國家隊與香港隊運動員憑着頑強毅力和奮鬥精神，刷新一個又一個紀錄，贏得一面又一面獎牌。當兩支代表隊的選手在電視熒光幕前帶來奪獎的好消息時，全港市民無不為他們在賽場上的精彩表現振奮不已，與14億內地同胞一起歡呼喝彩，為兩年來受疫情陰霾籠罩的香港社會帶來正能量，使近年港人心頭的鬱結為之一掃，同時亦展現港人與內地同胞共同對國家體育榮譽的期盼，印證香港與祖國血濃於水。

回首過去，回歸以來，香港在國家關愛之下，以「中國香港」名義參加歷屆奧運，與國家隊同場競技，爭取獎牌。萬千香港市民全情投入，聚精會神，為國家隊和香港隊運動健兒忘我地歡呼喝彩，在商場的大熒幕前、在家中的電視旁，港人的熱情越過屏幕，跨過維度，與在比賽場上的國家隊運動健兒密切緊扣在一起。連續數晚追看國家隊的賽事，為中華兒女的成功感到驕傲和激動，更為身為中國人而感到無比自豪。一幕幕的情景，均是港人和國家的共同印記，那一份對國家的熱愛和自豪一直深植在港人的血脈之中，透過一屆屆奧運，愈發彰顯。

張家朗在東京 2020 奧運會男子個人花劍決賽贏得香港回歸後首面奧運金牌。

（FABRICE COFFRINI/AFP via Getty Images）

良性競爭　共創精彩回憶

國家隊與香港隊運動員於本屆奧運會中多次同場對壘。雖然「本是同根生」，但雙方在對決時本着體育精神，全力爭勝，為內地和香港觀眾譜出多場扣人心弦的對決。7 月 25 日，在羽毛球混合雙打的分組賽事中爆發一場「兄弟大戰」，由國家隊組合王懿律及黃東萍迎戰香港組合鄧俊文及謝影雪。面對二號種子的國家隊組合，「鄧謝配」毫無懼色，在第一局初段打出氣勢，多次扣殺得分，更曾以 9：5 領前。「王黃配」站穩陣腳後開始猛烈反攻，並打出一段 11：1 攻勢還以顏色，最終勝出第一局。第二局港隊改變戰術，集中在網前周旋，控制比賽節奏，可惜由於後段連續出現失誤，力戰下最終仍以 18：21 不敵國家隊，總局數零比二落敗。雙方於比賽中出盡渾身解數，互有攻守，讓觀眾看得目不轉睛。

香港「女飛魚」何詩蓓於東京 2020 奧運會女子 100 米及 200 米自由泳項目均成功奪得銀牌，是首次有香港運動員於同一屆奧運內兩度收獲獎牌。（Fu Tian/China News Service via Getty Images）

同樣緊張刺激的競技場面亦出現於游泳賽場上。7 月 28 日，香港代表何詩蓓與國家隊新秀兼亞洲紀錄保持者楊浚瑄成功從一眾國際高手中突圍而出，殺入女子 200 米自由泳決賽。由於何詩蓓早前已於 100 米自由泳賽事取得港隊歷來首面奧運游泳項目銀牌，這場決賽自然萬眾矚目，吸引大批香港市民於商場駐足觀看直播，為兩位健兒打氣。比賽開始後，楊浚瑄與何詩蓓於首 50 米鬥得難分難解，並先後以第二及第三快時間觸池轉身。然而何詩蓓其後愈游愈快，於第 100 米階段更反超前楊浚瑄升至首位，並一直保持領先優勢，直至最後階段才遭澳洲泳手趕過，但仍游出 1 分 53 秒 92 破亞洲紀錄的時間，取得個人第二面奧運銀牌。楊浚瑄則在衝刺時後勁不繼，最終僅以 0.01 秒之差不敵銅牌得主，未能與何詩蓓一同登上頒獎台。賽事決勝一刻，全港各區市民激動鼓掌，歡呼聲響徹雲霄，除了慶賀何詩蓓創下香港泳壇的里程碑外，亦向楊浚瑄出色的表現致敬。

在奧運賽場上，國家隊與香港運動員亦敵亦友，逐鹿爭勝之餘，更多的是互勵互勉，共同分享勝利的喜悅。8 月 5 日，香港與國家隊於乒乓球女子團體賽分途出戰，爭取獎牌。港隊首先在早上舉行的銅牌戰中成功以局數三比一反勝勁敵德國，取得香港史上首面女子乒乓球奧運獎牌。晚上，國家隊亦於決賽以三比零戰勝日本，蟬聯金牌，成功與港隊會師於頒獎台。當國旗與香港特區區旗同時在賽場內徐徐升起時，兩支代表隊的成員一起高唱國歌，其後更興奮地互相握手擁抱，並共同舉旗合照留念，展現出香港與內地運動員的親密情誼，場面令人動容。

國家助港　栽培體育精英

香港隊能夠於東京 2020 奧運會締造歷史，除了是香港運動員透過天分、汗水和鬥志努力拼搏回來的成果外，祖國於背後源源不絕的支持亦起着重要作用。乒乓球代表隊教練李靜於賽後便特別提到要「衷心感謝國家隊讓我們一起訓練，才有今日的成績」。事實上，國家多年來向香港提供了大量運動人才以及交流機會，拓寬了香港體育界的視野，令本地體壇發展獲得長足進步。

以交流為例，香港體育界多年來與內地機構於培訓層面上保持緊密合作，為香港運動員在內地集訓和比賽提供便利。香港不同精英項目的運動員經常可以前往內地各個專業體育基地集訓，回歸後更獲邀參加全國運動會，與國家隊及不同省市的體育選手進行密切交流和切磋，從而不斷提高訓練水平與實戰經驗。例如香港乒乓球隊於取得奧運參賽資格後便曾留在內地集訓八個月。單車和劍擊隊亦經常前往昆明等地，長期與內地頂尖運動員同住同練，大幅提升比賽狀態和技術。

2017 年，香港體育學院更與國家體育總局簽定奧運備戰合作備忘錄，加強內地對香港體育科學及醫學發展的支援。備忘錄內容包括協調雙方專家團隊在體育科學以及運動醫學方面的研究工作，讓香港精英運動員可以獲得國家最頂尖的技術支援，並確保他們能列入內地奧運會備戰醫療服務專家會診系統內，享有與國家隊選手相同等級的運動傷病治療服務，盡顯國家對香港運動員的情與義。

人才方面，國家一直發揮其資源優勢，向香港輸出大量出色的教練，協助發展本地精英運動體系。於本屆奧運中奪得香港回歸以來第一面奧運金牌的「少年劍神」張家朗，起初就是由來自南京的汪昌永教練一手培養成材。在執教港隊 21 年間，這位曾任江蘇省隊主教練的名師把內地優秀的教學經驗帶到港隊，為香港栽培出張小倫、崔浩然及張家朗等多代「港產」劍手，並見證着香港花劍隊由一支寂寂無名的業餘隊伍蛻變成為世界驚嘆的亞洲勁旅。張小倫亦坦言雖然恩師訓練嚴格，「但其實他只想我們得到更好的成績，所以這幾年香港劍擊隊在亞洲或國際賽事都有突破」。

除此之外，鼎鼎大名的香港單車隊總教練沈金康都是出生於內地。這位前上海著名單車選手及教練於 1990 年代受國家體育運動委員會委託來港，前後花費逾 20 年時間，從無到有地為香港建立起一支有系統的職業單車隊。他不但發掘出郭灝霆和李慧詩等世界級名將，更曾把自己一半的工資分給香港首位全職單車運動員黃金寶，目的只為挽留人材。當李慧詩於本屆場地單車爭先賽奪得港隊史上第二面奧運單車項目銅牌後，沈金康只是謙虛地說：「感謝香港給我機會，讓我在單車發展當中體現自己價值，也讓我看到年輕人勇敢、奮發去進步。」

（右起）黃君恒、梁育榮、劉慧茵在東京 2020 殘疾人奧運會上，在硬地滾球混合 BC4 級雙人賽中為香港贏得一面銀牌。（Christopher Jue/Getty Images for International Paralympic Committee）

這些自內地而來的優秀教練儘管不是在香港土生土長，然而他們仍然以血汗、辛勞和熱誠幫助體育界「開山劈石」，留港奉獻，讓本地運動員能相信他們有實力立足於國際體壇。香港能夠擁有一批如此無私的伯樂，實應感恩。

展望未來　再續佳績

東京 2020 奧運會是中國香港代表隊創造歷史的舞台。43 名香港精英與國家運動健兒共同拼搏，展現出驚人的團結力量和堅毅志氣，表現令人刮目相看。他們憑努力換來的六面獎牌更掀起全城的運動熱潮，及後，殘奧健兒亦為香港捧回多面銀牌和銅牌，振奮人心。2022 年 2 月，在北京舉行的冬季奧運會，香港選手與國家隊的運動健兒在冰雪之上共舞，共同在世界奧運史上留下美好的印記。大家為港隊振奮喝彩同時，亦毋忘國家永遠都是香港體育發展的堅實後盾。

回歸 25 年以來，在國家的堅實支持下，香港各體育代表隊的管理模式日趨專業成熟，在國際體壇的地位亦節節上升。本地運動員則可以在內地接受世界一流的訓練，進一步提升實力。展望將來，我們期待國家隊與香港隊一起創造更多驕人佳績，繼續為香港體壇書寫新的篇章，延續中國體育的強國夢。

2021 年 8 月 5 日，國家隊和中國香港代表隊分別取得東京 2020 奧運會女子乒乓球團體賽金牌和銅牌。賽事結束後，兩隊球員和教練分別舉起五星紅旗和紫荊花旗，一起在東京體育館內合照留念，無分彼此，互相慶賀。（JUNG YEON-JE/AFP via Getty Images）

2003 年 11 月 1 日，我國首位航天員楊利偉參加在香港大球場舉行的各界歡迎匯演，期間向在場觀眾揮手致意。

（南華早報出版有限公司提供）

我們有的航天夢

歷次航天代表團訪港

從嫦娥奔月神話，到敦煌壁畫的飛天形象，中國人千百年來對宇宙天空就有追尋探索的夢想。2003 年 10 月 15 日，中國第一艘載人飛船——「神舟五號」發射成功，中國第一位航天員楊利偉順利飛上太空，將中華民族的千年夢想變為事實，圓了數千年來炎黃子孫的「飛天夢」。

中國雖然是探索太空的後來者，但發展速度令世界驚歎，短短幾十年時間內，中國自力更生，突破萬難，一步步具備了成為航天強國的能力。從「兩彈一星」、「神舟飛天」，到「嫦娥攬月」、「天問探火」，再到「北斗指路」、「天宮建站」，國家在航天領域取得了舉世矚目的偉大成就，展現了中國人「敢上九天攬月」的豪情壯志，也為世界航天史寫下了輝煌的篇章。探索浩瀚宇宙，發展航天事業，建設航天強國，是中華民族持續不懈的航天夢、中國夢。中國人在太空不僅留下了自己的足跡，國家航天事業的高度也在不斷刷新，在這條從艱辛走向輝煌的奮鬥路上不斷前進，離夢想的目標不斷接近。港人從電視新聞和報紙報道中，見證航天員成功着陸，走出艙門這個國家突破航天事業的歷史時刻，整個社會為之震撼，市民心潮澎湃、激動不已，更為國家走向富強而歡欣鼓舞，無比自豪。

「神舟」到訪　震撼全港

2003 年 10 月 31 日，以「中國飛天第一人」楊利偉為首的航天代表團訪港，為其完成任務之後首個到訪的地區。所到之處，受到香港市民英雄式歡迎。國旗、區旗、人流匯流；鮮花、閃光燈、歡呼聲和掌聲鋪天蓋地。香港市民的熱情，讓「航天英雄」楊利偉也曾忍不住説道：「在太空上，在飛船上，我的心跳一直十分平穩，面對熱情的香港同胞，我的心跳加速了。」港人對楊利偉發自內心的熱烈歡迎，充分表達了港人對民族英雄的崇敬，對國家航天成就和國力逐漸強盛的自豪，以及對民族全面復興的企盼。

自 2003 年航天員楊利偉首次訪港之後，國家多次安排航天英雄訪港交流，充分彰顯國家對香港的重視與厚愛，每一次航天代表團訪港都廣受香港市民的熱烈歡迎，一次又一次在香港掀起太空熱潮。2005 年 11 月 27 日，「神舟六號」載人航天飛行代表團訪港，航天員費俊龍和聶海勝與港人見面，分享國家航天事業飛躍發展帶來的自豪和驕傲，又一次在香港掀起了太空熱。

2008 年 12 月 5 日，「神舟七號」載人航天飛行代表團，包括三名實現中國史上首次太空漫步的航天員翟志剛、劉伯明和景海鵬，訪港四日，參與大匯演、座談會及與學生對話等交流活動。

2012 年 8 月 10 日，「天宮一號」與「神舟九號」載人交會對接任務代表團一行約 40 人，包括航天員景海鵬、劉旺以及中國首名女航天員劉洋，訪港四日，其間參與大匯演及座談會等交流活動，並為香港科學館的「中國首次載人交會對接航天展」展覽揭幕。

2021 年 6 月 22 日，負責「長征」、「神舟」、「北斗」、「天問」、「嫦娥」等國家重大航天項目的頂尖科學家團隊訪港，為期五天。訪港期間，航天科學家訪港團的中國工程院院士、長征系列火箭總設計師龍樂豪，中國工程院院士、神舟飛船首任總設計師戚發軔一行在理工大學、香港大學和六所中學舉辦講座，和香港青年進行交流，並在 26 日參加「時代精神耀香江」之百年中國科學家主題展暨月壤入港揭幕儀式。

2005 年 11 月 27 日，航天員費俊龍（左）及聶海勝（右）參加於香港大球場舉行的「全港歡迎神舟六號載人航天飛行代表團大匯演」，進場時香港市民夾道歡迎。（新華社提供）

2008 年 12 月 7 日，在香港大球場舉行的「全港歡迎神舟七號載人航天飛行代表團大匯演」上，航天員（左起）翟志剛、劉伯明和景海鵬向觀眾獻唱《龍的傳人》。（中新圖片提供）

每一次航天代表團訪港，皆激發出港人對國家科技及綜合實力的熱切關注和無比自豪，激發出港人對國家航天科技成就的巨大熱忱，同時亦增強了港人對國家日漸強盛的歸屬感和自豪感。

發揮科研優勢　參與國家項目

香港作為國家的一部分，國家航天事業的發展一直得到港人的關心和支持。國家航天飛速發展，帶給香港發揮科研優勢、參與國家項目的良機。多年來，香港科技界的科學家和工程師參與了多項技術研究和項目研製；香港青少年設計的實驗項目更在神舟十一號進行了搭載實驗。港人的智慧結晶隨着五星紅旗一起閃耀在太空之中，光彩耀目。

多年來，香港各間大學亦一直不遺餘力為國家的太空探測項目作出貢獻。2013 年展開的「嫦娥三號」探月任務中，香港各間院校分別肩負起地質研究、衛星遙感及儀器研發等重要任務。其中「嫦娥三號」月球車頂部的「相機指向機構系統」由理工大學負責研發，負責拍攝月球的全景影像，並協助控制中心指揮月球車的活動，是首部由香港研發並獲國家採用以參與探月計劃的儀器。該系統亦被安裝在「嫦娥四號」月球探測器內，成功拍攝世界上首張月球背面的近距離照片，讓全球首次一睹這片神秘領域的風光。2020 年，「嫦娥五號」使用了理工大學其後與中國空間技術研究院合作設計的「表取採樣執行裝置」，成功為國家採集並保存首批月球土壤。國家首部火星探測器「天問一號」成功着陸，理工大學以全新的地形測量及地貌分析方法，協助任務團隊選取最合適的着陸點，並研發出「落火狀態監視相機」，監察火星車的活動狀況及拍攝火星周遭的環境。

國家航天事業發展一日千里，而港人不僅為國家航天成就和國家強大科技實力而激動、自豪，香港多年來亦多次參與國家航天計劃，支援有關技術的發展，為國家在航天夢、中國夢偉大使命的圓滿中發揮作用。與此相對的，國家大力支持香港在「一國兩制」下發展國際創新科技中心，擴大香港科技的國際影響力；香港科研機構亦有機會參與國家重大科研項目和科技行動，貢獻國家。長江後浪推前浪，在「一國兩制」下，在國家巨大航天成就的激勵下，愈來愈多的香港青年立志為國家的航天事業發展作出更多更大的貢獻。神舟十三號成功返回，神舟十四號亦已於 2022 年 6 月 5 日升空。我們在為國家航天成就感到自豪的同時，相信在不久的將來，定能有「港產」航天員乘上神舟，衝破九重天！

2012 年 8 月 11 日，「神舟九號」航天員（左起）劉旺、景海鵬和劉洋於香港會議展覽中心與過千名香港中小學生交流，分享他們在太空的生活和感受。（新華社提供）

（新華社提供）

主題五

勇立潮頭　融入大局

概述

自回歸後，香港充分發揮「一國兩制」的優勢，在國家整體發展上擔當獨特角色。中央政府於 2011 年發布《中華人民共和國國民經濟和社會發展第十二個五年規劃綱要》（「十二五」規劃），突破性地將「保持香港澳門長期繁榮穩定」單獨成章，詳述香港特區在國家發展戰略中的重要功能定位。及後，2016 年的「十三五」規劃明確提出香港在多個重要範疇的發展空間和機遇；2021 年的「十四五」規劃，強化香港在粵港澳大灣區發展中的角色，讓香港全面融入國家發展大局。

在國家對外發展的長遠策略上，香港亦有重要角色。「絲綢之路經濟帶和 21 世紀海上絲綢之路」（「一帶一路」倡議）是國家 2013 年倡議的重要發展策略，締造貫通東亞、中亞、東南亞、南亞、西亞及至歐洲部分區域的經濟大走廊，涵蓋 70 多個國家。「一帶一路」倡議以政策溝通、設施聯通、貿易暢通、資金融通、民心相通（簡稱「五通」）為主要內容。2015 年 3 月，中央政府發布《推動共建絲綢之路經濟帶和 21 世紀海上絲綢之路的願景與行動》，勾畫「一帶一路」倡議的發展構想及藍圖。藉着「五通」，倡議促進相關國家的共同發展，加強各國在政經人文領域的合作。

在國家的支持下，特區政府於 2016 年公布的施政報告內，詳盡地表述了香港參與「一帶一路」建設的工作，憑藉香港在「一國兩制」下的優勢，積極聯繫內地與其他「一帶一路」地區，在國際項目投融資、離岸人民幣業務、專業服務支援及經貿交流合作等各方面發揮「超級聯繫人」的角色。

2017 年，在國家主席習近平的見證下，國家發展和改革委員會與粵港澳三地政府在香港共同簽署《深化粵港澳合作　推進大灣區建設框架協議》，為大灣區建設訂下合作目標和原則，亦確立合作的重點領域。其中一項就是要推進基礎設施互聯互通，建設完善的道路網絡及高效率的交通系統，促進灣區內人流、物流、資金流進一步便捷流通。

兩大跨境運輸基建「廣深港高速鐵路香港段」及「港珠澳大橋」於 2018 年相繼落成啟用，進一步加強香港與澳門和內地的交通聯繫。高鐵香港段貫通廣州、深圳、香港三個高速發展的大灣區城市。從香港西九龍出發，只需約 14 分鐘便可直達深圳福田；而利用港珠澳大橋往來珠海與香港國際機場，行車時間更由約四小時縮減至約 45 分鐘。香港在粵港澳大灣區「一小時生活圈」的大格局下，居民出行時間大大縮短，且擁有更廣闊的發展空間。

2019年2月，備受矚目的《粵港澳大灣區發展規劃綱要》出台，對粵港澳大灣區的戰略定位、發展目標、空間布局等作出全面規劃，目標是通過進一步深化粵港澳合作，推動大灣區經濟協同發展，發揮三地互補的優勢，打造宜居、宜業、宜遊的國際一流灣區。在一個國家、兩種制度、三大法律體系、三個關稅區的特殊情況下，粵港澳三地實現跨境協同創新，加強區域深度合作。一系列相關政策措施相繼推出，如於2019年11月，中央就推進粵港澳大灣區建設公布16項政策措施，支持香港居民和專業人士到大灣區內地城市居住、工作及創業。香港、澳門及內地九個大灣區城市加速融合發展。

2021年10月，時任香港特區行政長官林鄭月娥在《施政報告》中提出《北部都會區發展策略》。香港特區第六任行政長官李家超於2022年4月競選階段公布政綱，多次提及「北部都會區」的發展，將其列入未來的施政重點。特區政府將參考國家《十四五規劃綱要》和《粵港澳大灣區發展規劃綱要》給予香港的支持，在新界北部發展面積達三萬公頃的商業核心區「北部都會區」，藉其接壤深圳經濟特區的地理優勢，以港深融合模式大力發展具規模的創科產業，帶動香港的經濟及創科發展、增加房屋供應，促進香港融入國家和粵港澳大灣區的發展大局。

2010年12月17日，時任香港特區政務司司長唐英年（左）在北京與時任國家發展和改革委員會副主任徐憲平（右）會面，商討香港配合「十二五」規劃的工作。（香港特別行政區政府提供）

港澳篇章「五年規劃」中的

「五年規劃」全稱中華人民共和國國民經濟和社會發展五年規劃綱要，是中國國民經濟計劃的重要部分，屬長期計劃；主要是對國家重大建設專案、生產力分布和國民經濟重要比例關係等作出規劃，為國民經濟發展遠景規定目標和方向，可以說是國家的發展藍圖和行動綱領。

1953 年中國開始實施五年規劃（2006 年之前稱為五年計劃），就國家未來五年的經濟和社會建設事宜制定發展方向、戰略和指標。第一個五年計劃在 1953 年開始，規劃時限為 1953 至 1957 年。至今，國家已先後推行了 14 個五年計劃。

1996 年 3 月，第八屆全國人民代表大會第四次會議通過的《國民經濟和社會發展「九五」計劃和 2010 年遠景目標綱要》中，首次提及香港：「在『九五』期間，國家將對香港和澳門恢復行使主權。」2011 年 3 月，「十二五」規劃綱要公布，港澳部分首次單獨成章，詳細描述了香港在國家發展藍圖中的重要功能定位，對香港的未來發展有重要意義。自回歸以來，香港已先後以專章形式納入了國家「十二五」、「十三五」和「十四五」規劃。

首列港澳專章　融入國家發展大局

2006 年 3 月公布的《中華人民共和國國民經濟和社會發展第十一個五年規劃綱要》，對香港已有概括性的表述，香港社會對支持配合國家「十二五」規劃已有基本共識。立法會在 2010 年 1 月通過「積極參與國家『十二五』規劃」的議案，並在同年 5 月通過了「積極執行《粵港合作框架協議》」的議案。

香港特區政府的 2007-08 年度施政報告載述，香港特區會盡早配合擬訂國家「十二五」規劃。2008 年，特區政府和國家發展和改革委員會（國家發改委）建立了直接工作關係，並與國家發改委和中央政府其他相關部委透過互訪和工作會議等形式緊密聯繫，逐步推進香港配合擬訂國家「十二五」規劃的工作。特區政府也透過不同方式，包括舉辦研討會和工作坊，加深公眾對國家五年規劃和香港配合工作的了解，社會各界踴躍參與。例如，2010 年 11 月 17 日在港舉行「2010 年香港高端經濟論壇」，2010 年 12 月 13 日在港舉行「國家『十二五』規劃與香港未來發展」研討會。

2011 年 8 月 17 日，時任國務院副總理李克強在香港出席國家「十二五」規劃與兩地經貿金融合作發展論壇。　（南華早報出版有限公司提供）

2011 年 3 月 16 日，第十一屆全國人民代表大會第四次會議通過的《中華人民共和國國民經濟和社會發展第十二個五年規劃綱要》正式公布，首次將有關香港和澳門特區的內容單獨成章。第五十七章題為《保持香港澳門長期繁榮穩定》，內容提到要堅定不移貫徹「一國兩制」、「港人治港」、「澳人治澳」、高度自治的方針，嚴格按照特別行政區基本法辦事，全力支持特別行政區行政長官和政府依法施政；支持香港、澳門充分發揮優勢，在國家整體發展中繼續發揮重要作用。

該章分為三節，分別是支持港澳鞏固提升競爭優勢、支持港澳培育新興產業、深化內地與港澳經濟合作。具體而言，包括支持香港發展金融、航運、物流、旅遊、專業服務、資訊以及其他高增值服務業，支持香港發展成為離岸人民幣業務中心和國際資產管理中心，鞏固和提升香港國際金融、貿易、航運中心的地位，增強金融中心的全球影響力；支持港澳增強產業創新能力，加快培育新的經濟增長點，推動經濟社會協調發展；繼續實施更緊密經貿關係安排，深化粵港澳合作，落實粵港、粵澳合作框架協議，促進區域經濟共同發展，打造更具綜合競爭力的世界級城市群等。「十二五」規劃列港澳「專章」，不僅體現了國家對香港的重視，也為香港經濟帶來了新機遇及新的發展方向。

「十三五」規劃　香港迎來新機遇

2015 年 10 月，十八屆五中全會提出的「十三五」規劃建議，對深化內地與港澳合作發展作出了總體部署和安排，為綱要草案的起草提供了依據。在綱要草案研究起草過程中，國家發改委與香港特區政府政務司建立了「十三五」規劃對口聯繫機制，廣泛聽取香港各界意見和建議，認真進行研究，在規劃中充分體現香港方面的訴求和關切。

2016 年公布的「十三五」規劃綱要中港澳內容繼續單設一章，加入新的發展重點。其中特別提出支持香港發展創新和科技事業，培育新興產業；首次提出支持香港建設亞太區國際法律及解決爭議服務中心；支持香港參與國家雙向開放，在「一帶一路」建設中發揮重要作用；深化金融合作，加快兩地市場互聯互通。特別提出支持內地與香港開展創新及科技合作，支持香港中小微企業和青年人在內地發展創業。

「十三五」規劃綱要中，香港部分的具體表述雖然文字不多，但內容豐富、覆蓋面廣，表明中央政府一如既往堅定支持港澳繁榮發展的政策取向，加大力度拓展香港與內地的合作發展空間。

2016年3月21日，時任香港特區行政長官梁振英出席明報「香港新機會——十三五規劃的挑戰」高峰論壇開幕禮，並在活動上致辭。（香港特別行政區政府提供）

「十四五」規劃　更好融入國家發展大局

2019年初，特區政府收到國家發改委關於做好「十四五」規劃前期工作的通知，之後着手籌備，特區政府提出一些調研、意見，發改委針對有關事項請特區政府詳細解釋；在規劃草擬過程中，諮詢特區政府的意見。2021年初，「十四五」規劃綱要草案（徵求意見稿）接納特區政府有關將香港定位為中外文化藝術交流中心的意見。

「十四五」規劃，有關香港的內容分別載於第三十一章有關積極穩妥推進粵港澳大灣區建設和第六十一章保持香港、澳門長期繁榮穩定，其中不少內容吸納了特區政府在過去一年多時間，經研究後提出的具體意見，體現了中央對香港的堅定支持，也再為香港明確了共八個範疇的角色和定位：國際金融中心、國際航運中心、國際貿易中心、國際航空樞紐、國際創新科技中心、亞太區國際法律及解決爭議服務中心、區域知識產權貿易中心、中外文化藝術交流中心。

2021 年 5 月，時任香港特區行政長官林鄭月娥給全國政協副主席、國務院港澳辦主任夏寶龍寫信，請求中央派人赴港給特區政府、社會各界講解國家「十四五」規劃。中央高度重視這一請求，委派國務院港澳辦、發改委、科技部、人民銀行、國務院新聞辦人員來港，與香港各界交流學習「十四五」規劃的心得體會。8 月 23 日，特區政府舉辦「十四五」規劃宣講會，與會代表探討了國家政策給香港帶來的新機遇，認為香港要把握歷史性發展機遇，更好融入國家發展大局。

2021 年 8 月 23 日，中聯辦主任駱惠寧在「把握國家『十四五』機遇 香港更好融入國家發展大局」宣講會表示，全球發展的最大機遇在中國，香港發展的最大機遇在內地。（中新圖片提供）

風雨多經人不老，關山初度路猶長。五年規劃作為量度國家發展步伐的里程碑和記錄中國夢的重要載體，有關香港的篇幅愈來愈多。「十二五」規劃中首次將有關香港和澳門的內容獨立成章，初步勾畫出香港的優勢；「十三五」規劃加入新的發展重點；「十四五」規劃明確香港可積極成為國內大循環的「參與者」和國際雙循環的「促成者」，為香港的未來規劃了前所未有的光明前景，譜寫出香港發展的嶄新篇章。港人，特別是香港的年青人，在全新的歷史機遇下，將迎來前所未有的發展格局和優勢。作為年青人，立足香港，背靠祖國，放眼世界，裝備自己，抓緊機遇，乘坐國家發展的高速列車，也就等於掌握住通往未來的鑰匙。

2017年12月14日，時任香港特區行政長官林鄭月娥（左）在北京出席《國家發展和改革委員會與香港特別行政區政府關於支持香港全面參與和助力「一帶一路」建設的安排》簽署儀式，與國家發展和改革委員會主任何立峰（右）共同簽署《安排》。

（香港特別行政區政府提供）

香港參與國家「一帶一路」建設

「一帶一路」，即「絲綢之路經濟帶」和「21 世紀海上絲綢之路」，是國家對外發展的重要倡議。依靠中國與沿線國家既有的雙多邊機制，借助既有的、行之有效的區域合作平台，沿用古代絲綢之路的歷史符號，積極發展與沿線國家的經濟合作伙伴關係，推動沿線各國實現經濟政策協調，促進經濟要素有序自由流動、資源高效配置和市場深度融合，共同打造政治互信、經濟融合、文化包容的利益共同體、命運共同體和責任共同體。

千年迴響　延續歷史文脈

兩千多年前，歐亞大陸上勤勞勇敢的人民，探索出多條連接亞歐非幾大文明的貿易和人文交流通路，後人將其統稱為「絲綢之路」。千百年來，和平合作、開放包容、互學互鑒、互利共贏的絲綢之路精神薪火相傳，推進了人類文明進步，是促進沿線各國繁榮發展的重要紐帶，是東西方交流合作的象徵，更是世界各國共有的歷史文化遺產。隨着時代發展，「絲綢之路」成為古代中國與西方所有政治經濟文化往來通道的統稱。

2019年4月25日，時任香港特區行政長官林鄭月娥率領由高層官員及各界代表組成的高規格香港特別行政區代表團，在北京參與第二屆「一帶一路」國際合作高峰論壇。圖示林鄭月娥（前排中）和代表團成員在出席會議前合照。

（香港特別行政區政府提供）

進入二十一世紀，在以和平、發展、合作、共贏為主題的新時代，面對復蘇乏力的全球經濟形勢，紛繁複雜的國際和地區局面，傳承和弘揚絲綢之路精神更顯重要和珍貴。2013 年 9 月和 10 月，國家主席習近平在出訪期間，提出兩個符合歐亞大陸經濟整合的倡議，即「絲綢之路經濟帶」和「21 世紀海上絲綢之路」構想。「一帶一路」貫穿歐亞非大陸，一邊是活躍的東亞經濟圈，另一邊是發達的歐洲經濟圈，中間的廣大腹地對國家經濟發展具有巨大潛力。其中，「絲綢之路經濟帶」重點方向是中國經中亞、俄羅斯至波羅的海；中國經中亞、西亞至波斯灣、地中海；中國至東南亞、南亞、印度洋。「21 世紀海上絲綢之路」重點方向是從中國沿海港口過南海到印度洋，延伸至歐洲；從中國沿海港口過南海到南太平洋。

瞄準「國家所需」 主動對接國家發展

當前，世界經濟融合加速發展，區域合作方興未艾。「一帶一路」是促進共同發展、實現共同繁榮的合作共贏之路，作為國家發展的重要策略，吸引了外界的高度關注，並獲得沿線國家踴躍參與。香港位處國家的南大門，自然不能錯失機遇。2015 年 7 月，時任香港特區行政長官梁振英表示，香港會積極參與「一帶一路」倡議，希望比內地城市走得更前，起到帶路作用，成為內地和世界的超級紐帶。

作為「一帶一路」倡議的重要節點和首選平台，在國家的支持下，香港憑藉獨有優勢，從機構設置、便利融資、促進貿易等多方面採取措施，積極聯繫內地與其他「一帶一路」地區，不單在國際項目投融資方面，更在離岸人民幣業務、專業服務支援及經貿交流合作等各方面發揮互惠共贏的作用。

特區政府自 2016 年起，每年均與貿發局合辦「一帶一路高峰論壇」，以此匯聚相關國家和地區的政府人員、商界翹楚及國際機構代表，共同探討「一帶一路」倡議帶來的龐大商機。論壇現已成為內地、海外與香港企業對接最大和最重要的「一帶一路」倡議國際商貿合作平台。於 2021 年舉行的第六屆論壇吸引逾 6000 名來自超過 80 個國家和地區的人士登記參與，其間安排了逾 770 場一對一項目對接會。

2017 年 12 月，《國家發展和改革委員會與香港特別行政區政府關於支持香港全面參與和助力「一帶一路」建設的安排》正式簽署；2018 年，特區政府與國家商務部在「內地與香港經貿合作委員會」下，成立「內地與香港『一帶一路』建設合作專責小組」，統籌協調內地與香港在經貿合作領域中，攜手推動「一帶一路」建設事宜。國家商務部支持並鼓勵香港企業善用內地於海外建設的經貿合作區（合作區）發展業務，2021 年 9 月特區政府與國家商務部簽署備忘錄，就推進合作區高質量發展加強交流合作；全年舉辦兩場線上交流會，協助香港商界加深了解東南亞的五個合作區。

2019 年 4 月 25 日，時任香港特區行政長官林鄭月娥率領由高層官員及各界代表組成的高規格香港特別行政區代表團，在北京參與第二屆「一帶一路」國際合作高峰論壇。圖示林鄭月娥下午在地方合作分論壇的開幕式作主旨發言。（香港特別行政區政府提供）

發揮獨特優勢　共創美好未來

「一帶一路」旨在促進相關國家和地區「五通」，即政策溝通、設施聯通、貿易暢通、資金融通及民心相通。香港在其中有着各種獨特優勢，能在這條區域合作共贏之路上發揮特殊而重要的作用。

設施聯通方面：香港在營運和管理位於「一帶一路」相關國家的鐵路、機場、港口、供電及供氣設施，以及其他基建項目方面均達國際水準。香港國際機場是全球交通最繁忙、最便捷的機場之一。現時每日有逾 120 家國際航空公司為香港提供約 1100 班次客貨運航班，往返香港及全球超過 220 個目的地。作為全球最高效率的貨櫃港之一，香港港口每周提供約 310 班貨櫃船班服務，連接香港港口至大約 450 個目的地。港珠澳大橋和廣深港高速鐵路，以及興建中的香港國際機場三跑道系統，有助加強香港與內地，以至全球的聯繫。

貿易暢通方面：香港與 20 個經濟體簽訂自由貿易協議，當中包括東南亞國家聯盟、格魯吉亞及澳洲等；已與 30 個海外經濟體簽訂促進和保護投資協議，亦完成與巴林、馬爾代夫、墨西哥和緬甸的談判；簽訂了逾 40 份全面性避免雙重課稅協定，當中包括多個「一帶一路」相關國家。香港與「一帶一路」相

2018 年 12 月 14 日，內地與香港經貿合作委員會在港舉行首次會議，合作委員會下設的內地與香港「一帶一路」建設合作專責小組亦於當日舉行高層會議。會議結束後，在時任香港特區行政長官林鄭月娥的見證下，財政司司長陳茂波（前排左二）與時任商務部國際貿易談判代表兼副部長傅自應（前排右二）簽署了 CEPA 框架下的《貨物貿易協議》。（香港特別行政區政府提供）

關經濟體及其他貿易伙伴，包括中國內地、新西蘭及加拿大等 11 個國家和地區，分別簽訂「認可經濟營運商」互認安排，讓企業享有通關便利。

資金融通方面：香港是亞洲基礎設施投資銀行成員之一，作為全球最大的離岸人民幣業務樞紐，推出全球最多元化的人民幣投資、融資和風險管理產品。作為亞洲頂尖資產管理中心之一，香港可滿足「一帶一路」專案衍生的財富和風險管理服務需求。

香港金融管理局於 2016 年成立基建融資促進辦公室，邀請不同機構加入，組成實力龐大的合作伙伴團隊，並舉辦培訓工作坊、高層研討會、投資者圓桌會議等，為各主要持份者建立合作平台，攜手參與大型基建投資和融資專案。

民心相通方面：香港擁有世界頂尖的高等教育、文化及傳媒機構。特區政府為來自「一帶一路」相關國家的傑出學生提供獎學金，資助他們來港升讀大學。此外，政府亦會增加本地學生到內地及「一帶一路」相關國家和地區參加交流活動的資助名額及金額；並考慮優化對「一帶一路」相關國家的簽證要求，方便其國民來港就業、升學和旅遊。政府會繼續推動郵輪旅遊業的跨區域合作，鼓勵香港旅遊業界開拓「一帶一路」相關地區的市場。

「一帶一路」是一條互利共贏之路，一條文明互鑒之路。只要沿線各國家和地區和衷共濟、相向而行，就一定能夠譜寫建設「絲綢之路經濟帶」和「21 世紀海上絲綢之路」的新篇章，共享「一帶一路」的建設成果。為者常成，行者常至，「一帶一路」建設進入全面推進階段，在構建人類命運共同體、推動全球發展方面的意義和影響必將進一步彰顯。港人若能充分把握這千載難逢的機會，發揮自身優勢，以開放的心態與「一帶一路」沿線國家和地區密切合作，產生協調效應，為國家貢獻一分力量，香港定能沿着這條大路走向更美好的未來。

小故事：「一帶一路」的文化資源

陝西省西安市是絲綢之路經濟帶的起點：張騫奉漢武帝之命從長安（今西安）出使西域，開闢絲綢之路。陝西省位於神州大地的中部，古來即是華夏文明的主要集中地，所謂「地上文物看山西，地下文物看陝西」。陝西省的出土文物以及古墓群均是其文化資源的亮點。其中最具代表性的便是家喻戶曉的秦始皇陵兵馬俑。值得注意的是，以西安市為中心，附近的縣市均是古墓集中之地，在開發新土地時，施工挖出某位侯王將相的墓地也是尋常之事，可見陝西省文化資源之豐富。

中國版圖上左方緊挨着陝西省的是甘肅省，是古代絲綢之路的重要關隘之地，秦漢唐時期中國版圖不似今日，離開了甘肅的關隘便是西域，詩詞中有「春風不度玉門關」、「西出陽關無故人」的說法。其中，玉門關和陽關即在今日的甘肅省。更為引起世人關注的是甘肅省敦煌市的莫高窟藏經洞所藏有的遺書文獻，為學界研究中國古代文學、歷史、語言等提供了文化資源。

作為西部邊陲，新疆維吾爾族自治區以其交相輝映的少數民族文化佇立於中國西北。據統計，新疆境內共有 43 個民族，文化上與中亞各國聯繫密切。

最後是與香港有着「剪不斷」關係的廣東省，是「一路」進行海外交流的主要通道，其省會廣州市自古便是繁盛的對外港口之一，在近代史上的地位亦是舉足輕重，既是「虎門銷煙」、鴉片戰爭等近代歷史大事的舞台，也是孫中山、梁啟超等一代偉人的出身地。

2017年7月1日，在國家主席習近平見證下，國家發展和改革委員會主任何立峰（前排左二）、時任香港特區行政長官林鄭月娥（前排右二）、時任廣東省省長馬興瑞（前排左一）和時任澳門特區行政長官崔世安（前排右一）分別代表國家發改委和三地政府，在香港共同簽署《深化粵港澳合作　推進大灣區建設框架協議》。

（香港特別行政區政府提供）

粵港澳大灣區發展規劃

立足灣區 放眼世界

粵港澳大灣區，由香港、澳門兩個特別行政區和廣東省廣州、深圳、珠海、佛山、惠州、東莞、中山、江門、肇慶九個城市組成，總面積5.6萬平方公里，2020年總人口已經超過8600萬，地區生產總值達16,688億美元，是中國開放程度最高、經濟活力最強的區域之一。

「一國兩制」下的創新融合試驗

所謂「灣區」，既是一個地理概念，亦是一個經濟概念，指由環海城市組成的港口群和城市群，灣區內各個城市發揮不同功能，從而產生協同效應，促進區內的經濟發展，對周邊區域的發展也有顯著推動作用。世界聞名的灣區包括紐約灣區、舊金山灣區、東京灣區等。而粵港澳大灣區的建設是史無前例的探索。它是國家主席習近平親自謀劃、親自部署、親自推動的重大國家戰略，是「一個國家、兩種制度、三個關稅區、三種貨幣」框架下的創新融合試驗，蘊含無限機遇和可能。

2017年7月1日，香港回歸祖國20周年紀念日。在國家主席習近平見證下，國家發改委和三地政府，在香港共同簽署《深化粵港澳合作　推進大灣區建設框架協議》（《框架協議》），標誌國家層面正式啟動大灣區建設。

2018 年 8 月，為推動大灣區規劃，中央成立高層統籌決策和實施的「粵港澳大灣區建設領導小組」，由主管港澳事務的國務院副總理韓正擔任領導小組組長，香港和澳門特區行政長官均為小組成員。這是首次有香港和澳門特區行政長官參與中央高層架構的工作，顯示中央對港澳充分的重視和信任。

2019 年 2 月 18 日，中央政府公布大灣區發展的綱領性文件《粵港澳大灣區發展規劃綱要》（《規劃綱要》），標誌着大灣區發展邁入嶄新里程，粵港澳三地攜手合作，目標於 2035 年全面建成國際一流灣區和世界級城市群，共同為國家發展作出貢獻。在《規劃綱要》中，「香港」一詞出現了 97 次，位居各城市榜首，足以顯示香港在大灣區的重要地位。

《規劃綱要》以區域經濟概念推動各城市發揮核心產業的優勢，功能互補，共同發展。其中，以香港、澳門、廣州、深圳四大中心城市為區域發展的核心引擎，帶動其他城市的發展。如廣州承擔起國家中心城市、國際商貿中心及綜合交通樞紐的角色；深圳重點發展高科技製造業和研發；香港發揮國際金融、航運、貿易、物流、航空及創新科技的功能；澳門則建設為世界旅遊休閒中心及國家與葡語國家商貿合作服務平台。

2019年3月25日，在國務院發展研究中心於北京舉辦的中國發展高層論壇2019年年會上，圍繞着《粵港澳大灣區發展規劃綱要》所勾畫的目標如何變為現實，時任廣東省省長馬興瑞（左）、時任香港特區行政長官林鄭月娥（中）、時任澳門特區行政長官崔世安（右）進行了交流。

（中新圖片提供）

建設國際科技創新中心

過去十年香港的經濟增速放緩，產業結構單一，《規劃綱要》明確提出將大灣區建設成國際科技創新中心，大力發展創科和高增值產業。國家的強力支持及大灣區的龐大市場為香港創科發展提供了廣闊空間及光明前景，使香港能夠在傳統產業（如商業及金融服務、貿易及物流等）以外，發展新型的高端技術產業，包括人工智能、大數據分析、物聯網及生物科技等，推動產業多元化，並帶動整體經濟結構升級轉型，提升香港競爭力。

香港擁有世界頂尖的院校及高等教育學府，以及16個國家重點實驗室，雄厚的研發實力、國際化的視野和健全的知識產權保護制度，在推動大灣區科技業發展方面扮演重要角色。香港多所大學已在大灣區城市開設分校。此外，集合中國科學院和中國工程院兩院院士力量的「大灣區院士聯盟」在2021年4月成立，旨在為香港以至大灣區的創科發展出謀獻策，協同大灣區內的政府部門、產業界、學界、研究機構等，為區內院士專家和科研人才搭建交流合作平台，並助力香港建設國際創新科技中心。

成為「一帶一路」金融樞紐

香港是市場主導的自由經濟體，在國際貿易上具備豐富經驗，內地高新科技企業可利用香港高度國際化的營商優勢，拓展海外市場。同時，香港亦是海外企業通向內地的重要門戶。國家「一帶一路」戰略將會帶動沿線國家數以萬億元的基礎建設及發展項目，帶來龐大商機。香港多元化的融資渠道、透明的監管制度、健全和獨立的法律體系，以及優秀的金融專業人才，可為「一帶一路」在項目融資、發債、投資、財資管理及法律糾紛等方面提供支援，扮演重要的金融樞紐角色並成為商業爭議的服務中心。

《規劃綱要》確立了綠色發展、保護生態的基本原則，明確提出要在大灣區發展綠色金融。2020年5月，中國人民銀行、中國銀行保險監督管理委員會、中國證券監督管理委員會和國家外匯管理局聯合發布《關於金融支持粵港澳大灣區建設的意見》，進一步強調要推動大灣區綠色金融合作。廣州、深圳、香港、澳門四個中心城市於2020年9月聯合成立「粵港澳大灣區綠色金融聯盟」，推動綠色金融項目。

推動重大合作平台建設

為推動大灣區貿易蓬勃發展，內地早於 2014 年底設立了由廣州南沙新區片區、深圳前海蛇口片區、珠海橫琴新區片區組成的廣東自由貿易試驗區，在法律體制、營商環境、管治模式等方面實施創新型的政策，為粵港澳大灣區、乃至全國作出有意義的探索及實踐。

以前海深港現代服務業合作區（「前海合作區」）為例，它位處深圳市西南部，是加強香港與深圳合作的主要示範區。前海產業領域包括金融、現代物流、資訊服務、科技服務、文化創意和其他專業服務等，按照「依託香港、服務內地、面向世界」的總方針，借鑒香港作為國際金融中心及商貿中心的經驗，引入制度創新，推動現代服務業創新發展，建設成為香港和內地緊密合作的先導區。

2019 年 7 月 12 日，深圳前海深港青年夢工場。該夢工場由前海管理局、香港青年協會、深圳市青年聯合會三方共同發起成立，佔地面積 5.8 萬平方米，建築面積 2.7 萬平方米，可同時容納 150 家創業企業或團隊入駐，重點支持智能硬件、AI 和芯片設計、移動互聯網、文化創意等四大領域。　（中新圖片提供）

《規劃綱要》明確指出要加強法律事務合作，以及加強深港司法合作交流，在前海合作區內建設國際法律服務中心和國際商事爭議解決中心，探索不同法律體系、跨境法律規則銜接。2021 年 9 月，中央發布《全面深化前海深港現代服務業合作區改革開放方案》，着力推動前海合作區深化改革開放、與香港制度對接，容許大灣區內地城市的港資企業在前海選用香港法律作為合同的適用法律，並開放香港金融業、服務業到前海發展，這對香港帶來重大的機遇，不但造就一個熟悉的營商環境讓港資企業得以發揮，也為香港青年提供了學習、工作、居留及創業的機會。

建立「優質生活圈」

在推動城市間產業融合的同時，打造「優質生活圈」亦是粵港澳大灣區建設的重要內容。2019 年 11 月，中央就推進粵港澳大灣區建設公布 16 項政策措施，惠及香港市民，亦便利不同界別到大灣區發展，包括香港居民在大灣區內地城市置業，享內地居民同等待遇，以及在大灣區試點推出香港居民異地見證開立個人銀行結算帳戶等。

在培育人才方面，《規劃綱要》明確指出大灣區城市需要進一步增加對高等教育和職業培訓方面的資源投入，例如建設國際教育示範區，吸引知名海外大學來大灣區開立分校，亦鼓勵在廣東省建設港澳子弟學校或設立港澳兒童班並提供寄宿服務，解決港人子女在當地讀書及升學的問題。

生活質素亦是人才決定工作和留居所考慮的重要因素，大灣區致力締造宜居宜業的生活環境，提供優質的教育、醫療等公共服務，藝術文化創意空間及多姿多采的休閒活動。在跨境人才流動方面，《規劃綱要》亦提及需要推進專業領域人才的職業資格國際互認，以及完善外籍高端人才申請永久居留的渠道，以吸引全球頂尖人才來大灣區工作和生活。2020 年 10 月，國務院辦公廳印發《香港法律執業者和澳門執業律師在粵港澳大灣區內地九市取得內地執業資質和從事律師職業試點辦法》，放寬了香港法律執業者在內地執業的門檻。取得粵港澳大灣區律師執業資格後的香港法律執業者，可以在大灣區內地九市辦理適用內地法律的部分民商事法律事務，為在大灣區投資的企業提供含訴訟業務和非訴訟業務的服務。

乘風破浪　融入國家發展

如今，《規劃綱要》已迎來發布三周年。在中央政府的大力支持下，粵港澳三地密切合作，在基礎設施互聯互通、便利人員和貨物往來、打造國際科技創新中心、建設重大合作平台等領域取得長足進展，國際一流灣區和世界級城市群框架已基本形成。面對發展潛力巨大的粵港澳大灣區，世界各地的人才都希望參與其中。港人坐擁地利之便，有近水樓台的優勢，去主動了解及參與大灣區發展，為自己謀求更好的發展機會，豈不是美事一樁？

時代之潮磅礴而來，勢不可擋，湧動不息。你，準備好了嗎？

2020 年 4 月 21 日，廣州南沙區規劃建設的「青創人才公寓」正式投入運營。首批入住的五位港澳青年獲頒公寓鑰匙。（中新圖片提供）

小故事：放開胸襟，創造命運

「自信好要緊，應該放開胸襟，願望定會一切都變真。」在《深化粵港澳合作　推進大灣區建設框架協議》簽署的前一日，國家主席習近平出席特區政府歡迎晚宴時發表講話，稱香港要有三個相信，「相信自己、相信香港、相信國家」，更引用譚詠麟歌曲《創造命運》中的這段歌詞勉勵港人。

《創造命運》由黃百鳴填詞，蔡國權作曲，是姜大衛執導電影《上天救命》的主題曲，收錄於譚詠麟 1984 年發行的專輯《霧之戀》內。歌曲中另一段，「立了堅決心，不必嘆息傷感，成敗要靠那份努力扭轉命運」，亦十分勵志。

2018年10月23日，港珠澳大橋開通儀式在廣東省珠海市舉行，國家主席習近平出席儀式，宣布大橋正式開通並巡覽大橋。圖示為開通儀式當日，國家主席習近平（右）、時任香港特區行政長官林鄭月娥（左）等人一同觀看大橋模型，詳細了解大橋建設情況。

（美聯社提供）

港珠澳大橋 接通大灣區的津梁

伶仃洋上，煙波浩渺。清風徐來，水天一色。一座大橋伏臥於碧波之上，綿延數十公里，如蛟龍出海，蓄勢騰飛。它，正是曾被英國《衛報》列為「現代世界七大奇跡」之一的港珠澳大橋，粵港澳大灣區的新地標。

作為首個連接粵港澳三地的跨境運輸基建項目，港珠澳大橋由香港特別行政區、廣東省人民政府、澳門特別行政區三地共同興建，東岸起於香港大嶼山西北，西岸陸點為珠海拱北和澳門明珠，全長 55 公里，包括 12 公里的香港連接路、29.6 公里的主橋（含長約 6.7 公里的海底隧道）和 13.4 公里的珠海連接線，是全球最長的橋隧組合跨海通道。大橋通車以來，由香港至珠海、澳門的行車時間由以往三至四小時大大縮短至約 45 分鐘，形成「一小時生活圈」，徹底改變大灣區的面貌。

構想由來已久　圓夢需待時日

用大橋連接香港與珠江西岸的想法萌芽於 1980 年代。彼時，香港與內地之間的運輸通道、特別是香港與珠江三角洲東岸地區的陸路運輸通道建設，已取得明顯進展，有力推進了經濟的互動發展，但是香港與珠江西岸的交通聯繫卻一直較為薄弱，主要依靠水路。香港合和集團主席胡應湘 1983 年首次提出在伶仃洋建設大橋，連接珠三角西部地區，珠海市方面也倡議興建。然而當年的港英政府對此反應冷淡，未有成事。

1997 年，香港回歸祖國。亞洲金融危機衝擊之下，特區政府希望尋找新的經濟增長點、振興經濟，認為有必要盡快建設連接香港、澳門和珠海的跨海陸路通道，充分發揮香港、澳門的優勢。2002 年，特區政府向中央提出修建港珠澳大橋的建議。

2003 年 1 月，國家發展和改革委員會（國家發改委）與香港特區政府共同推展《香港與珠江西岸交通聯繫研究》。研究於同年 7 月完成，結論指出，有需要興建一條陸路通道連接香港及珠三角西部，縮短兩地的行車距離和時間，以收宏觀社會經濟效益。

2003 年 8 月 4 日，國務院批准成立由香港特區政府作為召集人、粵港澳三方組成的港珠澳大橋前期工作協調小組，協調並推進大橋建設方案的前期工作。2007 年 1 月，中央政府宣布由國家發改委牽頭成立港珠澳大橋專責小組，成員包括國家交通部、國務院港澳事務辦公室，以及三地政府的代表，負責項目前期工作中重大問題的協調，以加速推動進展。在中央關注和支持下，三地協作配合，就大橋兩端的登陸點、跨珠江的主要線位和技術方案、口岸設立模式、融資方案等重大問題達成一致。

港珠澳大橋主橋為三座大跨度鋼結構斜拉橋，每座均有獨特的藝術構思。其中，青州航道橋的設計最有特色，兼具傳統韻味和現代氣息的「中國結」鑲嵌在索塔頂端，象徵港珠澳三地緊密相連。
（Visual China Group via Getty Images）

2009 年 10 月 28 日，國務院在常務會議上正式批准港珠澳大橋工程可行性研究報告，標誌着港珠澳大橋前期工作順利完成，港珠澳大橋進入實施階段。同年 12 月 15 日，大橋正式開工。

橋樑界的珠穆朗瑪　創下多項世界之最

由於工程規模龐大、建造環境特殊、技術複雜和環保要求高，港珠澳大橋從開工建設起，就面臨種種超乎想像的困難與挑戰，被稱為「橋樑界的珠穆朗瑪峰」。同時，涉及「一國兩制」下三種法律體系、三套技術管理標準，統籌協調絕非易事。

這項超大型跨海交通工程全長 55 公里，相當於 20 座舊金山金門大橋。根據設計，其使用壽命長達 120 年，需能抵受 16 級颱風和 8 級地震。傳統的混凝土結構橋樑無法滿足要求。因此，港珠澳大橋修建普遍採用鋼箱樑結構。它是世界上最大的鋼結構橋樑，僅主樑鋼板用量就高達 42 萬公噸，相當於 60 座艾菲爾鐵塔的重量。

大橋所在的珠江口伶仃洋海域是中國最繁忙的航運水域之一，每天往來船隻超過 4000 艘。為給航船讓出通途，常見方案是將橋面架高，然而由於大橋毗鄰香港國際機場，受嚴格的機場高度限制制約，設計者最終決定採用橋隧組合方案，在伶仃西航道和銅鼓航道段鋪設長達 6.7 公里的沉管海底隧道。為實現橋隧轉換和設置通風井，主體工程隧道兩端各設一個海中人工島。

海上人工島和海底沉管隧道是整個工程中實施難度最大的部分。建造人工島的傳統方法為吹沙填海法，但這一方法施工進度慢、代價高。為解決這個難題，中國工程師提出世界首創的深插式鋼圓筒快速成島法，大大提升施工效率。

港珠澳大橋沉管隧道則超越了此前所有沉管隧道項目的技術極限。隧道由 33 節沉管對接而成，每個管節長約 180 米，寬約 38 米，高約 11 米，重達 80,000 公噸，堪比一艘航空母艦。由於沉管隧道位處外海水域，且最大埋深超過 40 米、也就是海床下超過 20 米的深處，管節沉放安裝時要克服較大及不穩定的風速、波浪及水流影響，允許的誤差範圍僅為數厘米，施工難度之大，如「深海穿針」，極具挑戰性。

港珠澳大橋的建成，拉近了城市間的距離，也深刻改變了灣區城市的面貌。（香港特別行政區政府提供）

港珠澳大橋於 2018 年 10 月 24 日上午 9 時正式通車。圖示為通車當日，大橋香港口岸旅檢大樓內興奮雀躍的旅客。（香港特別行政區政府提供）

2017 年 5 月 2 日，經過 10 餘小時吊裝，重約 6000 公噸的海底隧道最終接頭，將 6.7 公里長的海底隧道連為一體，創下新的世界紀錄。同年 7 月 7 日，大橋的海底隧道及大橋主體工程全線貫通。

2018 年 10 月 24 日上午 9 點，在歷經六年籌備、九年施工之後，港珠澳大橋正式開通運營。國家主席習近平 23 日在珠海出席大橋開通儀式後感慨：「港珠澳大橋的建設創下多項世界之最，非常了不起，體現了一個國家逢山開路、遇水架橋的奮鬥精神，體現了中國綜合國力、自主創新能力，體現了勇創世界一流的民族志氣。這是一座圓夢橋、同心橋、自信橋、復興橋。」

一橋連三地　見證新發展

港英政府時代沒有建成的港珠澳大橋，回歸後在「一國兩制」的實踐中終於夢想成真。大橋不單是粵港澳三地協力創造的工程奇跡，更是灣區互聯互通、融合發展的津梁，為香港融入國家發展大局提供重要支撐，具有標誌性、劃時代意義。

伴隨着大橋的開通，打通了整個粵港澳大灣區的道路交通。大嶼山成為通往世界和珠三角地區的雙門戶，香港與珠三角西岸直接對接，更好地為國家發揮金融、專業服務與航運樞紐的獨特功能；澳門憑藉更便利的通關模式，加速融入灣區；珠海成為珠江西岸的綜合交通樞紐；珠江口西岸大量城市被納入輻射範圍，在大橋帶動下加速發展。

路通，人通，經濟通。港珠澳大橋與廣深港高鐵一道，令香港接上內地經濟運行動脈，幫助各項經濟要素加速流動，大大推進兩地交往及發展。公路，鐵路，水路，航空——立體化的交通網絡體系，將大灣區緊密連接在一起，拉近了城市間的距離，也深刻改變灣區城市的面貌。香港社會整體除了在這宏大基建的發展規劃中得到嶄新機遇，這條灣區津梁也縮短了普羅市民往來通勤、旅遊、探親等所需的時間，進一步從地理上、情感上拉近了港人與大灣區各城市的距離。未來，憑着各項基建的落成與粵港澳大灣區建設進一步深化，香港定能與相關區域達成優勢互補，珠聯璧合，並爆發出超乎想像的能量，讓香港這顆東方之珠，綻放更璀璨的光芒。

小故事：再獲殊榮

港珠澳大橋建成後，先後獲得國內國際多個獎項，其中包括美國《工程新聞紀錄》（ENR）雜誌評選的2018年度「全球最佳橋隧項目獎」、國際隧道協會2018年度「重大工程獎」和英國土木工程師學會（ICE）核心期刊 *New Civil Engineer* 評選的2018年度「隧道工程獎（10億美元以上）」。2020年8月，港珠澳大橋獲國際橋樑大會（IBC）「超級工程獎」。此外，港珠澳大橋香港段工程項目榮獲英國土木工程師學會2019年度People's Choice Award，香港口岸旅檢大樓榮獲2019年Architizer A+大獎「交通基建項目特別榮譽獎」。

就在不久前，港珠澳大橋再獲世界級獎項。國際焊接學會（IIW）2022年4月19日發來通知，作為目前世界鋼結構橋體最長的跨海大橋，港珠澳大橋鋼結構工程榮獲國際焊接學會「Ugo Guerrera Prize」獎。「Ugo Guerrera Prize」獎是國際鋼結構工程與焊接方向的最高獎項，授予近十年內國際工程建設領域大型的優秀鋼結構與焊接工程技術團隊，每三年評選一次。這是繼2010年北京奧運會主會場國家體育場「鳥巢」工程之後，中國再摘國際鋼結構焊接工程最高獎項。

2018年9月22日，香港西九龍站，（左起）時任香港鐵路有限公司非執行主席馬時亨、時任深圳市委書記王偉中、時任外交部駐港特派員公署特派員謝鋒、時任中央人民政府駐港聯絡辦公室主任王志民、全國政協副主席梁振英、時任廣東省省長馬興瑞、時任香港特區行政長官林鄭月娥、全國政協副主席董建華、時任國務院港澳辦主任張曉明、時任中國鐵路總公司總經理陸東福、時任中國人民解放軍駐港部隊司令員譚本宏和時任運輸及房屋局局長陳帆，共同主持廣深港高鐵香港段的開通儀式。

（香港特別行政區政府提供）

從此走遍中華大地

廣深港高速鐵路香港段通車

2018年9月23日，「廣州—深圳—香港」高速鐵路（高鐵）香港段正式通車。清晨5時，大批興高采烈的市民蜂擁而至，聚集在起點站西九龍站，感受首日通車的熱鬧氣氛。部分乘客為能搭上首班列車見證歷史性一刻，更於9月10日預售票開售當天，在西九龍總站售票處通宵達旦排隊，爭相購買極具紀念價值的首發列車車票。首日通車，除了乘坐高鐵的旅客外，也有不少市民扶老攜幼專程到車站參觀，並於站內興奮地拍照留念。高鐵香港段通車，既標誌香港自回歸以來其中一項重要基建工程圓滿完成，亦為香港成為國家高鐵網絡的重要樞紐揭開新一頁。

早上6時44分，班次編號為G5711的首班列車由深圳北站開往香港西九龍站，載着熱情的內地旅客蒞臨香港。早上7時，首班列車G5736班次由香港西九龍站準時出發，開往深圳北站，乘客臉上均洋溢着喜悅期待之情。兩趟列車雙向對開，不但具體實現了香港與內地的全線貫通，香港從此以高鐵聯通幅員遼闊的祖國大地，為香港融入國家發展大局寫下嶄新篇章。

踏入新時代 連接國家高鐵網絡

回顧歷史，兩地最早的鐵路交通可追溯至 1911 年。其時，廣九鐵路（華段）開通，來往九龍至廣州的直通車開始營運。從 1997 年香港回歸至今，兩地人民往來交流日趨頻繁，但連接粵港兩地的鐵路交通卻仍然只依賴廣九直通車。有見及此，特區政府於 2000 年 5 月發布《鐵路發展策略 2000》，首次建議興建高鐵香港段（前稱「區域快線」）。其後，原鐵道部、廣東省和香港方面共同開展相關規劃研究工作。2004 年，原鐵道部編製國家中長期鐵路網規劃，決定將該項目納入國家「四縱四橫」高速鐵路網絡。

2018 年 3 月 23 日，時任香港特區行政長官林鄭月娥出席廣深港高鐵香港段項目主要工程竣工典禮。圖示林鄭月娥（左二）出席典禮前，與時任運輸及房屋局局長陳帆（左一）、時任香港鐵路有限公司主席馬時亨（右二）、時任香港鐵路有限公司行政總裁梁國權（右一）等嘉賓乘坐高鐵由石崗列車停放處前往高鐵西九龍站。

（香港特別行政區政府提供）

事實上，自改革開放以後，國家在發展交通基礎施政方面取得了驚人成就。尤其國家高鐵網絡不斷擴大，南北縱橫達 40,000 公里，成就舉世矚目。在內地，「高鐵遊」早已成為遊客們在國慶黃金假期的出行交通首選，帶動了京廣、廈深、海南島等高鐵沿線景區的消費熱潮。

高鐵香港段自 2010 年開始動工，歷時八年，克服重重技術難關，成功在香港這個人煙稠密的都會的地底建成一條貫通邊境的高速鐵路。全長約 26 公里的高鐵香港段，一路向北延至深圳福田站，把香港與內地的龐大高鐵網絡接軌，直達 58 個內地站點，包括北京、上海、重慶與天津等多個主要城市。

香港邁入高鐵新時代，與內地的距離大幅縮短，市民的出行方式亦帶來重大變革。香港市民更便捷地走進內地，了解國家社會狀況，親身體驗祖國的科技發展一日千里，體驗「一國兩制」之下，國家為香港繁榮發展注入強大動力，幫助香港更好地融入國家發展大局之中。

穿州過省　欣賞神州大地風光

祖國歷史悠久，地大物博，名勝古蹟眾多。不少香港市民喜歡到內地旅遊，希望能踏遍大江南北，穿梭古城，走訪名山大川，了解中華文化。隨着高鐵香港段正式通車，從香港去安徽、江西、湖南各處的世界遺產和風景，如黃山、九華山、婺源、廬山、鳳凰古城，不再是飛機的專利，市民現在可選擇乘坐平穩舒適、票價低廉的高鐵，遊歷多個省份，欣賞江山如畫的美景。

例如，高鐵香港段開通後，前往山東省遊覽泰山不再是難事。泰山巍峨挺立，是歷代帝王、文人墨客的往來勝地，留下了眾多文物古蹟。1987 年，泰山被聯合國教科文組織以文化和自然的雙重遺產列入《世界遺產名錄》。站在泰山之巔，觀賞日出、日落、雲海和晚霞等壯麗景觀，感受中華名山的磅礡氣勢，家國情懷悠然而生。

領略「山水甲天下」的廣西桂林，從香港坐高鐵只需約三個多小時即能到達。從香港的繁華都市出發，轉瞬間已走進千年古鎮「興坪古鎮」，漫步於青石板街上，欣賞古色古香的磚瓦建築。再來到漓江渡口，登上遊船，欣賞漓江兩岸的山峰偉岸挺拔，形態萬千。山青水秀的美景，構成一幅自然空靈的畫卷。

「橫看成嶺側成峰，遠近高低各不同。不識廬山真面目，只緣身在此山中。」宋代文學家蘇軾遊覽江西廬山西林壁，有感於山勢奇美而寫下千古名作《題西林壁》。從香港乘坐高鐵前往江西省國家級風景名勝區廬山，飽覽浩瀚風景，壯麗山巒，更可感受古代詩詞中山水的幽微之美。

暢遊大灣區　實現一小時生活圈

粵港澳大灣區建設啟動以來，不斷發展快速的交通網絡。隨着高鐵香港段通車，香港、澳門與內地大灣區九個城市的聯繫愈來愈快捷方便，商務、探親和旅遊更加輕鬆。從前由九龍紅磡到廣州坐直通火車至少兩小時，但乘搭高鐵由西九龍站到廣州南站最快車程只需短短 48 分鐘；而從高鐵西九龍站前往深圳市福田站，車程更只需 14 分鐘，大大縮短了兩地的距離。

發達的交通網絡，將持續實現大灣區「一小時生活圈」，強化香港與內地各大城市之間的聯繫，亦提升大灣區的經濟效率和發展潛力。此外，高鐵香港段不僅便利港人穿梭大灣區城市，亦增強香港對海外遊客吸引力。海外旅客抵港後，可再經高鐵或港珠澳大橋到大灣區其他景點，豐富旅遊體驗。

自從改革開放後，北上置業、創業、工作、升學以至退休安居的港人持續增加。高鐵香港段開通，吸引了更多香港市民到大灣區置業和生活。香港樓價長年高企，大灣區提供港人更多置業的選擇，以較低的價格，購買面積更大的居所，提升生活質素。

大灣區機遇蓬勃，香港年青人可在這片廣闊的土地得到更大的發展空間，更多的發展機會。在大灣區產業分工、城市融合的過程中，多個城市的工程及科技等行業發展蓬勃，年青人到大灣區創業、營商、就業、學習或生活能有更多元化的選擇和更多可能性。

讓高鐵滿載港人的夢想和希望，奔向未來！

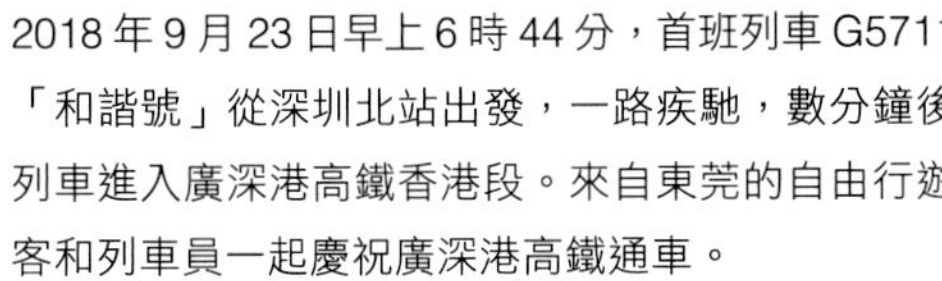

2018 年 9 月 23 日早上 6 時 44 分，首班列車 G5711「和諧號」從深圳北站出發，一路疾馳，數分鐘後列車進入廣深港高鐵香港段。來自東莞的自由行遊客和列車員一起慶祝廣深港高鐵通車。

（中新圖片提供）

2018 年 9 月 23 日，時任香港特區運輸及房屋局局長陳帆（左）及時任港鐵主席馬時亨（右）出席廣深港高鐵香港段通車儀式後，向首日乘車的市民派發紀念品，並與首批乘客合照。（中新圖片提供）

小故事：高鐵列車「動感號」的命名由來

港鐵於 2018 年舉辦「高速鐵路列車命名比賽」，邀請市民為高鐵列車提議一個富香港特色的名字，合共收到超過 16,000 個參賽作品。評審委員會選出「動感號」為最佳列車命名，「HKSPEED」、「飛躍」和「光纖」作為優異命名。命名比賽的得獎者為當年僅 12 歲的郭朗樂，他認為香港是動感之都，且高鐵速度很快，故想出「動感號（Vibrant Express）」來命名高鐵。

2020 年 12 月 29 日，從空中俯瞰香港和深圳的界河——深圳河：河右邊是深圳鱗次櫛比的建築，左邊是香港落馬洲河套地區的農田。 （VCG/VCG via Getty Images）

北部都會區規劃發展

北接神州 迎向未來

土地短缺問題困擾香港多年，解決房屋問題，已經成為香港社會的共識和市民迫切訴求。在經濟方面，香港一直依靠金融及服務業等，但隨着多年發展，以維港兩岸為商業核心的都會區面臨飽和。香港的可持續發展亟需增闢更多的土地以配合人口及經濟的增長。

為完善城市布局，拓展香港未來發展和市民居住空間，特區政府將在新界北部發展面積達 30,000 公頃的「北部都會區」，包括元朗區和北區兩個地方行政區，覆蓋由西至東的深港口岸經濟帶及更縱深的腹地，相當於四個香港島的面積，藉其接壤深圳經濟特區的地理優勢，促進香港融入國家和粵港澳大灣區的發展大局，並以港深融合模式大力發展具規模的創科產業，把北部都會區構建為香港第二個經濟引擎。在未來 20 年，香港「北部都會區」可望成為城市建設和人口增長最活躍的地區，與「維港都會區」遙相呼應、並駕齊驅。

「北部都會區」列入新一任特首政綱

《北部都會區發展策略》由時任行政長官林鄭月娥在 2021 年 10 月發表施政報告時提出。香港特區第六任行政長官李家超於 2022 年 4 月競選階段公布政綱，多次提及「北部都會區」的發展，將其列入未來的施政重點。在政綱第三章，李家超列出六大核心政策，「開發北部都會，激活發展引擎」便是其中之一，具體內容包括以下四個方面：

——設立「北部都會區」發展統籌部門，推展北部都會區的規劃和建設，加強與內地的聯繫和互動，就土地規劃、經濟發展、產業策略、房屋建設、基建連接等作統籌落實，在北部都會區發展創新產業，吸引優秀人才及資金，全力建設宜居、宜業、高生活質素的都會區，打造未來發展的新引擎、科技創新的新高地；

——開展和細化北部都會區的空間規劃、創新產業規劃、交通規劃、社區營造規劃、生態保育規劃和融入灣區規劃，同時研究公私營合作開發和融資方案；

——理順過去在北部都會區範圍內，已經開展的規劃和建設，整合北部都會區的整體規劃，採取先易後難的原則，訂立時間表和路線圖，分階段推進和落實；

——以北部都會區作紐帶，共建高質灣區，開拓及帶動多元經濟，包括積極參與大灣區發展；按《十四五規劃綱要》，積極參與及推動粵港澳重大合作平台，如深圳前海、珠海橫琴、廣州南沙、深港河套等的建設；積極支援本地青年在大灣區的學業和就業、初創和中小企業在大灣區發展等。

接壤深圳　共譜雙城故事

長久以來，香港的城市發展格局較為偏重維港兩岸。核心商業區域集中在九龍半島的油尖旺區及港島的上環至銅鑼灣一帶，並延伸至鰂魚涌和太古。相較之下，毗鄰深圳的新界北部地區仍有大片未發展的土地，大部分為農地、漁塘及鄉郊土地。屯門、元朗和天水圍等新市鎮的發展，雖承載大量的居住人口，卻缺乏完善的產業配套，大部分居民還是每天早出晚歸，長途跋涉往返九龍和港島區工作。

跟香港一河之隔的深圳，在國家 40 多年的改革開放歷程中，煥發巨大的生命力，人口、生產總值迅速增長，從一個簡樸的城鄉小鎮蛻變為繁華興旺的現代化都市，以及國家重要的高新技術研發和製造基地。當深圳昂首闊步向前發展時，香港北部地區的地理位置優勢和土地發展潛力卻一直未為人留意。

2022 年 4 月 29 日，當時仍是行政長官候選人的李家超在灣仔會議展覽中心舉行政綱簡介會，政綱全文提及最多的詞是「發展」，而北部都會區將成為未來發展的新引擎。 （ISAAC LAWRENCE/AFP via Getty Images）

發展「北部都會區」不但能解決香港市民的住屋問題，亦能讓深港兩地在經濟和產業各個方面進一步深度融合，達到兩個城市優勢互補，發揮協同效應。在產業結構上，香港擁有作為國際金融、貿易和航運中心的優勢；深圳在製造及高科技產業蓬勃發展，香港可借助深圳的供應鏈、生產實力和人力資源，發展生物科技及智慧城市等創新範疇，同時香港亦可發揮橋樑的作用，協助深圳進一步吸引匯聚國際化人才。

多年來，香港與深圳因先天的地緣關係，經濟往來頻繁，形成了融合發展趨勢，由西至東已建設了七個陸路口岸和相連的交通基建，使兩地有條件跨越后海灣、大鵬灣和深圳河而相互連接，形成「雙城三圈」的空間格局。「雙城」是香港和深圳；「三圈」即由西至東分別為深圳灣優質發展圈、港深緊密互動圈和大鵬灣 / 印洲塘生態康樂旅遊圈。

香港落馬洲河套地區，與深圳的高樓大廈僅一河之隔。特區政府在思考新界北的發展，希望抓緊前海的機遇，更好融入國家發展大局。

（香港大公文匯傳媒集團提供）

南金融、北創科　帶動經濟民生

香港在經濟發展方面過往一直以服務業為主，近年開始注重創科產業的發展。維港都會區的昂貴辦公室租金，令很多初創公司轉而選擇到深圳或內地其他城市發展。創科是香港未來經濟發展的重要引擎，要提供產業發展所需的配套，營造良好的環境及生態，才能吸引創新科技企業和科研機構落戶。

「北部都會區」主張以創新科技為新的經濟引擎，將重點設置在新發展區，有助引領香港的創科重心往北移；而支撐着香港作為國際金融中心的維港都會區亦會擴大至包括「明日大嶼願景」的交椅洲人工島填海。未來，香港將以「南金融、北創科」的雙重心布局發展，南北兩地並駕齊驅，帶動經濟民生向前。

改善職住平衡　創造就業機會

從 1970 年代開始，港府大規模發展新市鎮，以應付人口的增長及分散市區的人口，改善居住環境，包括早期的荃灣、沙田及屯門，到近年的天水圍、將軍澳及東涌等合共九個新市鎮，整體人口達 360 萬，約佔香港整體人口一半。

香港過去的都市發展規劃集中解決人口居住需求，未充分顧及到職住平衡。多個新市鎮的商業活動及就業機會不足，交通配套尚待發展，社區設施和文娛活動供不應求，產生一些社會問題。

計劃中的「北部都會區」則可望同時滿足經濟和民生需要。根據《發展策略》，「北部都會區」預計可提供約 35 萬個住宅單位；並額外開拓約 600 公頃用地作住宅和產業用途，估計可提供約 165,000 至 186,000 個住宅單位。連同元朗區和北區原有的 39 萬個住宅單位，整個北部都會區發展完成後，總住宅單位數目將達 905,000 至 926,000 個，一共可容納約 250 萬人居住；而都會區內的職位數目將由原有的 116,000 個，增加至約 65 萬個，包括 15 萬個創科產業相關職位。

「北部都會區」致力發展的科技創新產業及相應的配套服務，可創造充足的就業機會，實現當區職住平衡，亦有效解決香港土地及房屋供應短缺的問題。

按《北部都會區發展策略》規劃，港深創新及科技園（港深創科園）與落馬洲／新田一帶將擴大及提升發展為新田科技城，形成一個由研發、生產及投融資服務完整組成的創科產業生態系統。新田科技城佔地 1100 公頃，是創科人才工作及生活的綜合社區。《發展策略》亦建議在港深創科園內設立「InnoLife Healthtech Hub 生命健康創新科研中心」，以推動大灣區內生命健康科技發展。另外，政府亦計劃提升洪水橋／厦村為新界北現代服務業中心，並在與前海隔灣呼應的流浮山建設規模媲美數碼港的地標性創科設施，為北部都會區提供大量就業機會。粉嶺的安樂村工業區亦將轉型為「商貿及創科」地帶，提供共享工作間吸引初創企業進駐。

城鄉共融　發展保育共存

過去，香港的城市規劃和發展重視經濟，而「北部都會區」注重城鄉共融，發展保育共存。「北部都會區」擁有豐富多樣的生態環境，西面有屬《拉姆薩爾公約》指定的國際重要濕地，中部有大面積的魚塘，而東面則有擬議的紅花嶺郊野公園、海岸公園及香港聯合國教科文組織世界地質公園。《發展策略》建議逐步收回約 700 公頃私人擁有的濕地和魚塘，增設南生圍、三寶樹及蠔殼圍三個佔地合共約 1220 公頃的濕地保育公園。

「北部都會區」將發展三項戶外生態遊，包括加強與深圳保育合作，在大鵬灣 / 印洲塘生態康樂旅遊圈的框架下，在深圳東部沿岸地區（包括鹽田和大鵬半島自然保護區）及香港新界東北地區（包括沙頭角、地質公園和印洲塘海岸公園）倡議綜合生態保育及推動生態康樂 / 旅遊發展。此外，《發展策略》亦計劃建設穿越郊野走進市區的新界北城鄉綠道，及尖鼻咀至白泥的海岸保護公園及海濱長廊，提供步行徑及單車徑，方便市民享受自然環境，觀賞白泥的日落美景。

香港發展與國家發展息息相關。「北部都會區」的發展規劃跨越港深兩地的行政界線，建立一個超級經濟及保育區域，將發展視野拓展至整個大灣區，既能為市民提供安居樂業之所，令年青人有更多的就業機會和發展機遇，亦能提升香港的獨特優勢及競爭力，幫助香港更好融入國家發展，為整個大灣區的發展注入新動力。期待「北部都會區」成為年輕一代未來的理想家園！

香港特區政府將大力發展「北部都會區」，規劃構建「雙城三圈」的空間發展架構，其中大鵬灣／印洲塘生態康樂旅遊圈以生態保育為重點。

（香港特別行政區政府提供）

攜手眾志家國情

1997

2022

1997 年 7 月 1 日

0 時 0 分，中華人民共和國國旗和香港特別行政區區旗在中國國歌聲中升起，時任國家主席江澤民莊嚴宣告中華人民共和國香港特別行政區正式成立，標誌中國政府對香港恢復行使主權。

在香港政權交接儀式上，時任國家主席江澤民向世界宣告中華人民共和國香港特別行政區成立，港人從此成為這片土地的真正主人。（美聯社提供）

1997 年 7 月 1 日

0 時 0 分，解放軍駐港部隊正式接管香港防務，4000 名解放軍從陸、海、空三方面進駐香港，接收 14 個軍營及軍事用地。

回歸當日，大雨滂沱，但大批市民仍熱切地揮舞國旗，夾道歡迎解放軍。

（南華早報出版有限公司提供）

1997 年 7 月 1 日

上午 10 時，香港特別行政區成立慶典在灣仔會展舉行，時任國家主席江澤民、首任香港特區行政長官董建華分別致辭。典禮上，時任國務院副總理錢其琛代表中央政府將約 1700 億元的土地基金資產移交予特區政府，成為特區政府部分的財政儲備。下午 4 時，特區政府舉行特區成立慶祝酒會，5000 多名中外嘉賓出席。同日，中央政府贈送「永遠盛開的紫荊花」貼金銅鑄雕（即金紫荊），在灣仔會展新翼揭幕，紀念香港回歸。

時任國務院副總理錢其琛親自將特區土地基金證書交到首任香港特區行政長官董建華手中，充分彰顯國家對香港的厚愛與重視。（中新圖片提供）

1997 年 7 月 1 日

第一列「健康快車」眼科火車醫院從香港駛往安徽阜陽，為貧困白內障患者提供免費治療服務。

1997年7月1日

凌晨1時30分，中華人民共和國香港特別行政區成立暨特區政府宣誓就職儀式在灣仔會展舉行。特區行政長官、主要官員、行政會議成員、臨立會議員、終審法院法官及高等法院法官依次宣誓就職。首任香港特區行政長官董建華發表就職演說：「我們在這裏用自己的語言向全世界宣告：香港進入歷史的新紀元。」

特區終審法院法官及高等法院法官宣誓就職。回歸後，香港的法治和司法獨立受到《基本法》保障。

（香港特別行政區政府提供）

1997年7月1日

凌晨2時45分，臨時立法會舉行香港特區成立後首次會議，並在凌晨3時55分三讀通過《香港回歸條例草案》，旋即交由首任香港特區行政長官董建華簽署生效。

1998年1月14日

時任國務院副總理朱鎔基在全國金融工作會議上講話，闡明中國政府將向受亞洲金融危機打擊最大的國家提供無私援助，並信守人民幣不貶值的承諾。這對穩定亞洲金融秩序發揮了中流砥柱的作用。6月26日，朱鎔基在北京會見訪華的美國財政部部長魯賓時重申，中國不會違背人民幣不貶值的承諾，無論貶值會帶來多大好處，也不能那樣做，否則損人害己。他還表示：「港幣還會受到國際上的衝擊，但我想香港能頂得住，中央政府也會不惜一切代價支持香港。」

1998年8月14日

特區政府動用外匯基金入市，購入33隻恒指成份股。恒指當天反彈8.5%。入市干預行動持續了10個交易日，共動用1180億元。

在中央政府全力支持和信任下，特區政府最終擊退國際炒家，恒生指數於1998年8月14日反彈超過500點。（南華早報出版有限公司提供）

1999 年 3 月 5 日

中央政府在《1999 年國務院政府工作報告》中，對特區政府應對金融風暴的做法表示肯定：「香港回歸祖國以來，『一國兩制』方針得到全面貫徹落實。中央政府嚴格按照基本法辦事，不干預香港特別行政區自治範圍內的事務，確保香港特別行政區實行『一國兩制』、『港人治港』、高度自治，贏得了廣泛的讚譽。亞洲金融危機以來，香港特區政府沉着應對，採取了一系列有效措施，經受住了嚴峻考驗，顯示出管理香港社會、駕馭複雜局勢的能力。」

1999 年 3 月 11 日

中央政府首次贈予特區政府的兩隻大熊貓安安和佳佳抵港，隨即遷入海洋公園。5 月 17 日，園內的香港賽馬會大熊貓園開幕。

2000 年 9 月 15 日至 10 月 1 日

香港代表團首次以「中國香港」名義參加於澳洲悉尼舉辦的第二十七屆夏季奧運會。

香港運動健兒首次以「中國香港」名義參加奧運會，在開幕儀式上自豪地揮舞著區旗進場。

（Clive Brunskill /Allsport via Getty Images）

2000 年 11 月 26 日

26 名在悉尼奧運會奪得金牌的國家代表隊運動員訪港三日，是香港回歸後，國家奧運代表團首次訪港。

1999 年 11 月

「香港明天更好基金會」為慶祝國家建國 50 周年，捐贈第二列健康快車，並於 11 月投入服務。列車採用了一系列新技術、新結構、新材料、新工藝，讓更多白內障患者獲得治療。

時任國務院副總理李嵐清、時任全國人大常委會副委員長王光英、時任香港特區行政長官董建華一行參觀第二列健康快車，並對內部先進的醫療設備表示讚賞。（新華社提供）

2000 年 8 月 28 日

為改善東江水水質的「東深供水改造工程」展開，全個工程分四期進行，打造全長 51.7 公里的密封管道，實現輸水系統與天然河道的徹底分離，總投資逾 49 億元。

2002 年 2 月 8 日至 24 日

中國香港代表團參加於美國鹽湖城舉行的第十九屆冬季奧運會，是香港首次參加該運動會。

首次參加冬奧會的香港代表團，在進場儀式上難掩興奮之情。

（ROBERT SULLIVAN/AFP via Getty Images）

2002 年 11 月 18 日

時任香港特區行政長官董建華代表香港市民，將第三列健康快車眼科火車醫院正式贈予內地同胞，由時任中央政府衞生部部長張文康代表接收。「澳門光明號」於 2003 年 3 月正式投入服務。

2003 年 1 月

國家發展和改革委員會（國家發改委）與特區政府共同推展《香港與珠江西岸交通聯繫研究》。研究於7月完成，結論指出，有需要興建一條陸路通道連接香港及珠三角西部，縮短兩地的行車距離和時間，以收宏觀社會經濟效益。

2003 年 4 月 12 日

時任國家主席胡錦濤在深圳會見時任香港特區行政長官董建華時說：「中央政府高度重視廣大香港同胞的福祉和健康，十分關心香港非典防治工作，全力支持和幫助香港奪取同疫病鬥爭的勝利。」

2003 年 4 月 12 日，時任國家主席胡錦濤在深圳會見時任香港特區行政長官董建華，聽取有關香港 SARS 疫情報告。中央政府在SARS疫情中，全力支援香港，最終成功擊退疫情。（香港特別行政區政府提供）

2003 年 5 月下旬

香港市民全力對抗 SARS，社會各界不僅發起多個支持特區政府抗疫和協助 SARS 患者的籌款活動，同時踴躍捐款，協助內地的抗疫工作，包括由本港工商界人士成立的「工商界關懷非典型肺炎受難者基金」和港區全國政協委員分別向內地捐贈 1500 萬和 4000 多萬元，用以支援內地防治 SARS 的工作。直到 2003 年 5 月下旬，已籌得超過一億元。

2003 年 6 月 28 日

由香港及廣東省共同打造的「東深供水改造工程」宣告竣工，年供水量由 17.43 億立方米，大幅提高至 24.23 億立方米，並同時改善東江水質。

2003 年 4 月 29 日

時任國務院總理溫家寶在出席東盟會議時重申中央政府對香港對抗 SARS 疫情的全力支持，表明：「我和你們一樣，身上都流着中國人的血，香港所需要的醫療衛生物資和護理人員，中央政府完全支持，一旦需要，保證供得上，拿得出，全部費用由中央財政負擔。」

2003 年 5 月 18 日

時任國務院副總理兼衞生部部長吳儀在瑞士日內瓦出席世衞大會期間，會見時任世衞組織總幹事布倫特蘭及其他官員，向國際社會傳達香港 SARS 疫情受控的信息，並積極爭取世衞組織撤銷對香港的旅遊警告，以重拾外國遊客來港的信心。

2003 年 5 月 18 日，時任國務院副總理兼衞生部部長吳儀在瑞士日內瓦出席世衞大會期間，向時任世衞組織總幹事布倫特蘭傳達香港 SARS 疫情受控的信息，致力爭取撤銷對香港的旅遊警告。（新華社提供）

2003 年 6 月 29 日

香港與內地簽署《內地與香港關於建立更緊密經貿關係的安排》（CEPA），在時任國務院總理溫家寶和時任香港特區行政長官董建華見證下舉行簽署儀式。該安排涵蓋三大範疇，包括貨物貿易、服務貿易和貿易投資便利化，於翌年 1 月 1 日起生效。這是香港與內地簽訂的首份雙邊自由貿易協議，也是內地簽署的第一份全面自由貿易協定。其後，於 2004 至 2015 年間，雙方又先後簽訂十份補充協議、其他協議及確認書共計 13 份，為擴大市場開放、便利貿易和投資，促進經貿合作和持續發展提供便利。

2003 年 7 月 28 日

CEPA 下的個人遊計劃（「自由行」）開始在廣東省的東莞、中山、江門、佛山推出，四個城市的居民可以個人身份到香港旅遊。2004 年 5 月 1 日，「個人遊」計劃在廣東省全面展開。2007 年 7 月 1 日起，範圍擴展至全國 49 個城市，包括廣東省 21 個城市、北京、上海、天津、重慶和一些省會城市。

2003 年 8 月 4 日

滙豐銀行成為首家獲中國證監會批出「合格境外投資者」（Qualified Foreign Institutional Investors, QFII）資格的香港註冊成立金融機構，獲國家外匯管理局授予 QFII 投資額度 5000 萬美元。

2003 年 8 月 4 日

國務院批准成立由香港特區政府作為召集人、粵港澳三方組成的港珠澳大橋前期工作協調小組（協調小組），協調並推進大橋建設方案的前期工作。2007 年 1 月，中央政府宣布由國家發改委牽頭成立港珠澳大橋專責小組，成員包括國家交通部、國務院港澳事務辦公室，以及三地政府的代表，負責項目前期工作中重大問題的協調，以加速推動進展。

2003 年 10 月 31 日

中國首次載人航天飛行代表團抵港，展開為期六日的訪問，進行多項公開活動，代表團成員包括我國第一位進入太空的航天員楊利偉。

2004 年 1 月 24 日

霍英東通過香港霍英東基金會向「水立方」捐資兩億港元，這是北京奧運場館建設中收到的最大一筆個人捐款。此外，香港商人曾憲梓、李兆基、李嘉誠、楊孫西、鄭裕彤、郭炳湘等人也紛紛向「水立方」捐資，他們與其他地區的捐資華僑共 19 人在北京奧運會開幕式翌日獲頒捐資共建功勳榮譽章。

國家游泳中心「水立方」，宛如一座水晶宮，佇立在北京，見證北京奧運成功舉辦。（美聯社提供）

2003 年 9 月 18 日

何鴻燊斥資約 600 萬元人民幣自海外購回圓明園十二生肖豬首銅像，並捐予國家，銅像當日在香港亮相後，於 9 月 19 日送抵北京。

圓明園豬首銅像流離海外 143 年，歷經無數波折，最終在何鴻燊等人的堅持和努力下成功購回，回到祖國大地。（中新圖片提供）

2003 年 10 月 16 日

「何鴻燊博士搶救圓明園國寶捐贈儀式」在北京人民大會堂澳門廳舉行，時任國務委員陳至立與何鴻燊共同為豬首銅像揭幕。

2004 年 2 月 25 日

27 間香港銀行正式推出個人人民幣存款、兌換及匯款服務。存款帳戶可每天兌換不超過 20,000 元人民幣、非存戶限每天 6000 元人民幣；並可每天匯款 50,000 元人民幣到內地同名銀行帳戶。4 月，16 家香港銀行獲批准加入中國銀聯，在港全面開展銀聯卡服務。

2004 年 4 月

海洋公園為慶祝安安、佳佳來港五周年，舉辦「親親大熊貓派對」活動，這是香港首次舉辦以大熊貓為主題的大型慶祝活動。

2004 年 8 月 21 日

香港運動員李靜和高禮澤在希臘雅典奧運會乒乓球男子雙打項目獲得銀牌，是香港以「中國香港」名義參與奧運會後所獲第一面奧運獎牌，亦是本港乒乓球選手參與奧運比賽以來的最佳成績。

香港運動員李靜和高禮澤在希臘雅典奧運會乒乓球男子雙打項目獲得銀牌，成為一代港人至今難忘的共同回憶。（RAMZI HAIDAR/AFP via Getty Images）

2004 年 9 月 2 日

港協暨奧委會會長霍震霆向北京奧組委提出由香港協辦馬術項目。

2005 年 10 月 5 日

特區政府成立奧運會馬術比賽委員會（下稱奧馬委），統籌馬術比賽的工作，其後又設立馬術比賽（香港）有限公司（下稱奧馬公司），作為執行機構，負責日常籌辦工作。香港賽馬會（下稱馬會）作為特區政府的合作伙伴，負責出資設計及興建比賽場館，以及支援馬匹檢疫和進出口事宜。

2005 年 11 月 27 日

包括航天員費俊龍和聶海勝的「神舟六號」載人航天飛行代表團訪港，為期三天。

2004 年 9 月 6 日

在雅典奧運會上奪得金牌的 50 名國家代表隊運動員訪港三日，並參與在香港大球場舉行的匯演。

2005 年 1 月 27 日

北京奧組委同意香港分辦 2008 年北京奧運會的馬術項目。

2005 年

香港銀行可接受商業零售、餐飲、住宿、交通、通訊、醫療及教育共七類行業商戶的人民幣存款；又允許香港居民開立人民幣支票帳戶，以支付在廣東的消費支出。

2006 年 3 月

金管局及中銀香港推出全新人民幣交收系統（Renminbi Settlement System, RSS），並於翌年 6 月提升為人民幣 RTGS 系統（Renminbi Real Time Gross Settlement System, RMB RTGS，又稱人民幣結算所自動轉帳系統），以即時支付結算方式處理銀行同業人民幣支付項目。

2006 年 11 月 23 日

奧馬公司啟動奧運義工招募計劃，共獲得 18,000 位市民報名，並取錄其中 1800 人。

2007 年 1 月 10 日

國務院同意進一步擴大香港的人民幣業務，獲批准的內地金融機構可以來香港發行人民幣金融債券。相關暫行辦法在 6 月 8 日出台。7 月，境外人民幣債券（點心債）首次在港發行，是國家開發銀行發行的 50 億元兩年期人民幣債券。

2007 年 7 月 1 日

海洋公園「香港賽馬會大熊貓園」經裝修後重新開幕，大熊貓「樂樂」和「盈盈」於當日與香港市民初次見面。

大熊貓園重新開幕前一日，工作人員正在悉心照料兩隻新來的大熊貓「盈盈」和「樂樂」。

（STR/AFP via Getty Images）

2007 年 8 月 11 日至 13 日

奧馬委舉辦「好運北京——香港回歸十周年盃馬術三項賽」，作為奧運馬術的測試賽，以測試沙田和雙魚河兩個場地的競賽跑道、基礎設施和支援設施，確保翌年的奧運賽事能夠順利舉行。2008 年 5 月至 6 月，兩個場地正式完工，並移交奧馬公司使用。

2007 年 8 月 13 日，時任署理行政長官唐英年於沙田比賽場主持「好運北京——香港回歸十周年盃」頒獎典禮。

（香港特別行政區政府提供）

2007年4月26日

中央政府送贈給香港特區的一對大熊貓「樂樂」和「盈盈」抵港，以慶祝香港特區成立十周年。

2007年6月29日

香港藝術館舉辦「國之重寶——故宮博物院藏晉唐宋元書畫展」，展品包括首次離開內地展出的北宋張擇端名畫《清明上河圖卷》。

香港市民用放大鏡細心觀賞北宋張擇端的名畫《清明上河圖卷》。（Dustin Shum/South China Morning Post via Getty Images）

2007年9月20日

何鴻燊以6910萬港元購得圓明園十二生肖馬首銅像。

2008年8月5日

粵港合作聯席會議第十一次會議上，粵港雙方同意加強兩地在旅遊上的合作。特區政府旅遊事務署與廣東省旅遊局共同簽署《粵港旅遊合作協議》。

粵港雙方舉行粵港合作聯席會議第十一次會議，進一步推動兩地合作和交流。（香港特別行政區政府提供）

2008 年 8 月 29 日

在北京奧運會上奪得金牌的 63 名國家代表隊運動員抵港，進行為期三日的「奧運精英匯香江」親善訪問，期間參與乒乓球、羽毛球、體操和跳水共四場示範表演活動。

2008 年 12 月 5 日

「神舟七號」載人航天飛行團代表一行 40 人，包括三名實現中國史上首次太空漫步的航天員翟志剛、劉伯明和景海鵬，訪港四日，其間參與大匯演、座談會及與學生對話等交流活動。

2009 年 2 月 20 日

中國石油化工集團公司捐建的第四列健康快車出廠，命名為「中國石化光明號」，每年可讓至少 10,000 名白內障患者得到復明的機會。

2009 年 4 月 1 日

深圳政府實施為深圳戶籍居民辦理一年多次往返香港個人旅遊簽注，即「一簽多行」，該簽注有效期為一年，每次在香港逗留不超過七天。

2008 年 12 月

為應對國際金融危機的衝擊，國務院提出「擴大債券發行規模」，包括「允許在內地有較多業務的香港企業或金融機構在港發行人民幣債券」。

2009 年 1 月 8 日

國家發改委發布《珠江三角洲地區改革發展規劃綱要（2008-2020 年）》，其中第十一章「構建開放合作新格局」的第二節「推進與港澳更緊密合作」提出，鼓勵粵港澳在協商一致的前提下，共同編製區域合作規劃。同年 2 月 19 日，粵港澳共同在港召開首次聯絡協調會議，凸顯三方對此的重視。

2009 年 2 月 19 日，粵港澳三地共同舉辦《珠江三角洲地區改革發展規劃綱要》聯絡協調會議，三方代表就多個主要合作項目交換意見，並達成一系列共識。（香港特別行政區政府提供）

2009 年 6 月

在內地註冊的滙豐銀行（中國）和東亞銀行（中國）雙雙在港發行人債。9 月，財政部首次在港發行人民幣國債，其後成為長期的制度安排。

2009 年 7 月 6 日

香港與內地跨境貿易人民幣結算業務正式展開，香港銀行可為與內地貿易並以人民幣結算的企業，提供包括存款、兌換、匯款、支票及貿易融資的服務。

2009 年 10 月 28 日

粵港澳三地政府在澳門舉行聯合發布會，公布中國首個跨邊界、跨制度的空間規劃研究——《大珠江三角洲城鎮群協調發展規劃研究》，提出粵港澳合力建設具有全球競爭力的世界級城鎮群。

2009 年 10 月 28 日

國務院在常務會議上正式批准港珠澳大橋工程可行性研究報告，標誌着港珠澳大橋前期工作順利完成，港珠澳大橋進入實施階段。12 月 15 日，大橋正式開工。

港珠澳大橋開工儀式於 2009 年 12 月 15 日在珠海舉行。
（中新圖片提供）

2011 年 3 月 16 日

第十一屆全國人民代表大會第四次會議通過的《中華人民共和國國民經濟和社會發展第十二個五年規劃綱要》（「十二五」規劃）正式公布，首次將有關香港和澳門特區的內容單獨成章，詳細描述了香港在國家發展戰略中的重要功能定位，對香港的未來發展有重要意義。之後，香港又以專章形式納入了國家「十三五」和「十四五」規劃。

2011 年

「十二五」規劃提出「支持香港發展成為離岸人民幣業務中心」。8 月 17 日，時任國務院副總理李克強來港出席「十二五」規劃論壇，宣布多項措施，包括允許「人民幣合格境外機構投資者」（RMB Qualified Foreign Institutional Investors, RQFII）投資內地證券市場、允許內地企業在港發行人民幣債券、支持香港企業使用人民幣到內地直接投資等，以拓展香港與內地人民幣資金循環流通渠道，及支持離岸人民幣金融產品創新發展。

2010 年 2 月

金管局與人民銀行對香港人民幣業務的監管原則和操作安排作出詮釋，明確「離岸事情離岸辦」的基本原則，7 月修訂《關於人民幣業務的清算協議》（清算協議），香港任何企業（包括金融機構）都可以開立人民幣銀行戶口，個人與企業帳戶間跨銀行轉撥人民幣資金再沒限制；香港銀行可向企業提供人民幣貸款。

2010 年 4 月 14 日

香港義工黃福榮於青海省玉樹地震中救災時罹難。同月 16 日，特區政府向黃追授金英勇勳章，同年 8 月，國務院追授黃福榮「抗震救災捨己救人傑出義工」榮譽稱號。

黃福榮熱心公益，遠赴內地偏遠地區擔任義工，是港人之光。（香港大公文匯傳媒集團提供）

2012 年 6 月 21 日

康樂及文化事務署與北京故宮博物院簽訂合作意向書，制定雙方於文物保養、展覽及教育出版等範疇的合作安排，加強內地與香港的故宮文化藝術交流。

2012 年 8 月 4 日

香港單車運動員李慧詩在英國倫敦舉行的第三十屆奧運會女子場地單車凱琳賽奪得銅牌，為香港以「中國香港」名義參與奧運會後獲得的第二面奧運獎牌。

李慧詩於賽後的頒獎禮上展示她贏得的倫敦奧運銅牌。（Bryn Lennon/Getty Images）

2012 年 8 月 10 日

「天宮一號」與「神舟九號」載人交會對接任務代表團一行約 40 人，包括航天員景海鵬、劉旺以及中國首名女航天員劉洋，訪港四日，其間參與大匯演及座談會等交流活動，並為香港科學館的「中國首次載人交會對接航天展」展覽揭幕。

8 月 11 日，神舟九號三名太空人景海鵬、劉旺及劉洋等出席午宴。香港高等教育及科技界當日中午在香港會議展覽中心舉行午宴，歡迎天宮一號與神舟九號載人交會對接任務代表團訪港。（中新圖片提供）

2012 年 8 月 24 日

在倫敦奧運會上奪得金牌的 47 名國家代表隊運動員訪港三日，期間參與在香港大球場舉行的匯演以及多項示範表演活動。

2015 年 3 月 28 日

國家發改委、外交部及商務部聯合發布《推動共建絲綢之路經濟帶和 21 世紀海上絲綢之路的願景與行動》，在「一帶一路」建設中提出「打造粵港澳大灣區」。「粵港澳大灣區」首次寫入國家文件，上升至國家倡議層面。

2015 年 4 月 13 日

公安機關正式停止向深圳市戶籍居民簽發「一簽多行」簽注，改為簽發「一周一行」簽注。

2013 年 12 月 2 日

我國「嫦娥三號」月球探測器在西昌衛星發射中心發射升空，探測器攜帶香港理工大學與中國空間技術研究院共同研發的相機指向機構系統一起升空。

2014 年 11 月 17 日

「滬港股票市場交易互聯互通機制試點」（「滬港通」）開通。香港與內地的個人及機構投資者，首次可以透過本地的券商及交易所，買賣對方市場上市的合資格股票，可以進行雙向的跨境金融投資。

2015 年 7 月 1 日

內地與香港基金互認安排（基金互認）正式實施。

2015 年 7 月 8 日

時任香港特區行政長官梁振英在出席新界青年聯會上表示，香港會積極參與「一帶一路」倡議，希望比內地城市走得更前，起到帶路作用，成為內地和世界的超級紐帶。

2015 年 10 月

中共十八屆五中全會提出的「十三五」規劃建議，對深化內地與港澳合作發展作出了總體部署和安排，為綱要草案的起草提供了依據。

2015 年 11 月 23 日

中共中央政治局審議通過《中共中央國務院關於打贏脱貧攻堅戰的決定》。11 月 27 日至 28 日，中央扶貧開發工作會議在北京召開。中共中央總書記、國家主席、中央軍委主席習近平指出，消除貧困、改善民生、逐步實現共同富裕，是社會主義的本質要求，是中國共產黨的重要使命。11 月 29 日，《中共中央國務院關於打贏脱貧攻堅戰的決定》發布。

2016 年 12 月 5 日

深港股票市場交易互聯互通機制（「深港通」）正式啟動，標誌着兩地資本市場的互聯互通進入新階段，滬、深、港三地股市形成共同市場。

2016 年 12 月 23 日

時任政務司司長兼西九管理局董事局主席林鄭月娥與時任故宮博物院院長單霽翔，在北京簽訂合作協議，啟動在西九文化區興建香港故宮文化博物館的計劃。

2016 年 3 月 17 日

「十三五」規劃綱要確立了香港由「離岸人民幣業務中心」發展為「全球離岸人民幣業務樞紐」。2021 年，「十四五」規劃綱要再次明確：「強化香港作為全球離岸人民幣業務樞紐」。

2016 年 8 月 27 日

45 名參與里約熱內盧奧運會的國家代表隊運動員抵港，進行三天親善訪問和示範表演。

2017 年 3 月

「粵港澳大灣區」首次被寫入政府工作報告。國務院總理李克強在政府工作報告中提出，「要推動內地與港澳深化合作，研究制定粵港澳大灣區城市群發展規劃，發揮港澳獨特優勢，提升在國家經濟發展和對外開放中的地位與功能」。

2017 年 5 月 27 日

紀念香港《基本法》實施 20 周年的活動在北京舉行，時任中共中央政治局常委、全國人大常委會委員長張德江表示，國家進一步堅定推進「一國兩制」偉大事業的信心，繼續推進香港特別行政區《基本法》全面落實，更好地維護國家主權、安全、發展利益和香港的長期繁榮穩定。

2017年6月28日

香港與內地簽署兩份新協議，分別是《投資協議》和《經濟技術合作協議》，進一步促進兩地之間的貿易和投資，逐步充實 CEPA 的內容。《投資協議》生效後，CEPA 的覆蓋面擴大到非服務業。外國投資者可以充分利用香港作為在內地非服務業從事商業經營的切入點。兩份新協議簽署後，CEPA 已成為一項全面的自由貿易協議，在貨物和服務貿易之外，更涵蓋投資和經濟技術合作。

2017年6月29日

國家主席習近平抵港視察三天，並於下午到西九文化區出席關於興建香港故宮文化博物館合作協議的簽署儀式。

6月29日，市民在機場停機坪揮動國旗及區旗，熱烈歡迎抵港視察的國家主席習近平及夫人彭麗媛。

（香港特別行政區政府提供）

2017年7月4日

經國務院批准，人民幣合格境外機構投資者計劃的投資額度由 2700 億元人民幣提高至 5000 億元人民幣。計劃允許合資格的香港金融機構運用在香港募集的人民幣資金，在有關額度內投資於內地的債券市場。

2017年7月7日

港珠澳大橋的海底隧道及大橋主體工程全線貫通。

7月7日，港珠澳大橋主體工程海底隧道貫通儀式在大橋的西人工島上舉行，標誌港珠澳大橋正式貫通，成為連結粵港澳三地的「民心橋」。

（中新圖片提供）

2017 年 7 月 1 日

在國家主席習近平的見證下，國家發改委與粵港澳三地政府在香港共同簽署《深化粵港澳合作　推進大灣區建設框架協議》，為大灣區建設訂下合作目標和原則，亦確立合作的重點領域。

2017 年 7 月 3 日

債券通開通，是內地第一次允許合資格的境外投資者通過內地與境外債券市場的金融基建聯繫，投資於內地的銀行間債券市場。

人民銀行副行長潘功勝（前排右六）與時任香港金融管理局總裁陳德霖（前排左七）敲響鑼鼓，正式開通債券通，見證內地與香港資本市場互聯互通的新篇章。（香港特別行政區政府提供）

2017 年 7 月 7 日

由國家第一艘航空母艦「遼寧號」、兩艘驅逐艦和一艘護衛艦組成的軍艦編隊首次停靠香港。四艘軍艦訪港五天，開放期間接待逾 36,400 名遊客登艦參觀。

解放軍海軍遼寧艦編隊於 2017 年 7 月 7 日至 11 日停靠香港，艦上官兵組成「香港你好！」的字樣，向港人致意。（香港特別行政區政府提供）

2017 年 7 月 25 日

特區政府公布建議採用「三步走」的方式，處理有關在廣深港高速鐵路香港段西九龍站進行香港及內地的清關、出入境及檢疫手續的一地兩檢安排。

2017 年 8 月 27 日至 9 月 8 日

第十三屆全運會在天津舉行，港隊在單車、空手道、劍擊、游泳和馬術項目共摘下兩金、七銀、七銅，是 1997 年首次參加全運會以來的最佳成績。

香港代表團在第十三屆全運會開幕式。
（Visual China Group via Getty Images）

2017 年 10 月 25 日

國家主席習近平在中共第十九次全國代表大會發表報告，表示中央政府會繼續支持香港融入國家發展大局。

10 月 18 日，中共第十九次全國代表大會在北京人民大會堂隆重開幕。（中新圖片提供）

2017 年 12 月 7 日

繼 2012 年首次簽訂協議後，香港與故宮博物院簽訂第二份為期五年的文化交流與合作意向書，繼續文化遺產方面的合作至 2022 年。

2017 年 12 月 12 日

自 8 月首次宣布發放 3000 個准許取道港珠澳大橋前往內地的兩地牌香港跨境私家車配額後，申請情況踴躍，配額數目由即日起增至 10,000 個。

2017 年 11 月 4 日

全國人大常委會把《中華人民共和國國歌法》列入《基本法》附件三。特區政府會透過本地立法形式，以符合特區政制和法律制度的方式在本港實施《國歌法》。2020 年 6 月 12 日，《國歌條例》生效，任何人如公開及故意以任何方式侮辱國歌，即屬犯罪。

2017 年 11 月 28 日

特區政府分別與國家文化部及國家文物局簽訂《內地與香港特區深化更緊密文化關係安排協議書》及《關於文化遺產領域交流與合作更緊密安排協議書》。

時任香港特區行政長官林鄭月娥出席《內地與香港特區深化更緊密文化關係安排協議書》及《關於文化遺產領域交流與合作更緊密安排協議書》簽署儀式。

（香港特別行政區政府提供）

2017 年 12 月 14 日

時任香港特區行政長官林鄭月娥在北京簽署《國家發展和改革委員會與香港特別行政區政府關於支持香港全面參與和助力「一帶一路」建設的安排》，作為香港進一步參與「一帶一路」建設的方針和藍本。

國家發展和改革委員會主任何立峰（右）與時任香港特區行政長官林鄭月娥（左）簽署《國家發展和改革委員會與香港特別行政區政府關於支持香港全面參與和助力「一帶一路」建設的安排》。

（香港特別行政區政府提供）

2017 年 12 月 18 日至 20 日

中央經濟工作會議在北京舉行，將「科學規劃粵港澳大灣區建設」列入 2018 年重點工作。

2017 年 12 月 20 日

國家開發銀行首次在香港發行「一帶一路」債券，為「一帶一路」國家的項目提供融資。

2017 年 12 月 27 日

全國人大常委會批准《內地與香港特別行政區關於在廣深港高鐵西九龍站設立口岸實施「一地兩檢」的合作安排》，標誌兩地已依據「三步走」程序邁出第二部，為西九龍站實施「一地兩檢」的安排提供堅實的法律基礎。

2018 年 5 月 11 日

籌備成立中的香港各界扶貧促進會，在川港合作會議期間，與該會首個扶貧點、四川省巴中市南江縣簽署了《香港各界扶貧促進會（籌）參與四川巴中南江縣精準扶貧合作備忘錄》，援助該縣進行產業扶貧、醫療衛生扶貧、教育與技術培訓等項目。該會在籌備過程中得到了香港社會各界的積極響應和資金支持。

2018 年 5 月 14 日

因應國家主席習近平作出的重要指示，國家科學技術部及財政部公布規定，就中央人民政府發放的科技研究經費資助，開放予香港的高等院校和科研機構申請。根據新安排，大學及科研機構可申請以往只供內地科學家申請的國家經費資助，並於香港使用有關資助。

2018 年 4 月 13 日

由國家教育部及香港特別行政區教育局促成，並由北京大學及香港科技大學牽頭的「京港大學聯盟」成立。11 月 6 日「滬港大學聯盟」成立。

2018 年 4 月 13 日，京港大學聯盟成立典禮在香港科技大學舉行，時任國家教育部部長陳寶生（前排左七）及時任香港特區教育局局長楊潤雄（前排右七）一同見證北京和香港兩地高等教育院校結盟。

（香港特別行政區政府提供）

2018 年 4 月 20 日至 22 日

自 2017 年 7 月《深化粵港澳合作　推進大灣區建設框架協議》在香港簽署後，32 名立法會議員前往粵港澳大灣區進行首次職務訪問。

2018 年 5 月 20 日至 22 日

主管港澳事務的國務院副總理韓正赴廣東省調研自貿試驗區建設和深化粵港澳合作等工作。6 月 26 日和 28 日，時任香港特區行政長官林鄭月娥和時任澳門特區行政長官崔世安分別在北京向副總理韓正報告特區政府和社會各界對粵港澳大灣區發展規劃的意見和建議。

2018 年 6 月 26 日，時任行政長官林鄭月娥（左三）在北京向國務院副總理韓正（右四）匯報特區政府和社會各界對粵港澳大灣區發展規劃有關問題的意見和建議。（香港特別行政區政府提供）

2018 年 5 月 24 日

教育局公布初中中國歷史科及歷史科的修訂課程大綱，讓學生更全面認識中國歷史的發展，以及通過學習其他地方的歷史，擴闊國際視野。

2018 年 6 月 14 日

立法會就《廣深港高鐵（一地兩檢）修例草案》討論 60 多個小時後（包括兩場公聽會），通過該條例草案，完成「三步走程序」，為香港西九龍站一地兩檢安排提供堅實的法律依據。

2018 年 6 月 23 日

香港各界扶貧促進會正式成立，隨即展開一系列對口幫扶工作。透過該會，港人以實際行動參與國家打贏脱貧攻堅戰的偉大實踐。2018 年，該會已在香港社會籌集資金近 8000 萬港元，與南江縣簽訂捐助南江扶貧項目協議超過 7000 萬港元，以推動當地黃羊產業、教育與技術、醫療衞生扶貧、養老院捐助資金等六個扶貧項目，至今 556 戶貧困戶通過養殖南江黃羊脱貧；建成 50 個村「童伴之家」，為留守兒童送去溫暖；為 500 名困難家庭學生提供每年 2000 元人民幣的學習補助；完成兩期共 180 的名鄉村醫生；完成白內障、青光眼復明手術 1419 例；在南江縣趕場建成敬老院，為周邊六個鄉鎮 6000 餘名老年人提供免費養老綜合服務。2019 年 4 月，在省市縣及香港各界扶貧促進會的努力下，南江縣正式宣布脱貧。

2018 年 9 月 4 日

《廣深港高鐵（一地兩檢）條例》今日開始實施，以配合廣深港高速鐵路香港段於 9 月 23 日開通。

《廣深港高鐵（一地兩檢）條例》開始實施，以配合廣深港高鐵香港段於月內開通。

（香港特別行政區政府提供）

2018 年 9 月 23 日

「廣州—深圳—香港」高速鐵路（高鐵）香港段正式通車。上午 6 時 44 分，班次編號為 G5711 的首班列車由深圳北站開往香港西九龍站，載着內地旅客蒞臨香港。上午 7 時，首班列車 G5736 班次由香港西九龍站準時出發，開往深圳北站。全長 26 公里的廣深港高鐵香港段啟用，把香港與超過 29,000 公里長的國家高鐵網絡接通，列車直達內地 44 個站點，包括北京、上海、廈門及武漢。

搭乘首班由深圳北站開往香港西九龍站的高鐵列車的乘客，難掩興奮心情在深圳北站拍照留念。

（新華社提供）

2018 年 8 月

為推動大灣區規劃，中央政府成立由高層統籌決策和實施的「粵港澳大灣區建設領導小組」，由副總理韓正擔任領導小組組長，香港和澳門特區行政長官均為小組成員。這是首次有香港和澳門特區行政長官參與中央高層架構的工作，顯示中央對港澳充分的重視和信任。8 月 15 日，副總理韓正在北京人民大會堂主持召開領導小組第一次全體會議，為推進大灣區建設提供頂層設計，並加強對大灣區發展的統籌協調。

2018 年 9 月 1 日

在內地居住並符合資格的香港居民可開始申領由中央人民政府發出的居住證。持證人可享多種權利、基本公共服務和便利措施，涵蓋就業、教育、醫療及其他範疇。

2018 年 10 月 23 日

國家主席習近平在港珠澳大橋珠海口岸人工島上主持大橋開通儀式。港珠澳大橋全長 55 公里，是世界上最長的橋隧組合跨海通道，可供多種跨境交通工具使用。10 月 24 日，港珠澳大橋正式開通運營。

國家主席習近平主持港珠澳大橋開通儀式。

（香港特別行政區政府提供）

2018 年 11 月 5 日至 10 日

時任香港特區行政長官林鄭月娥在上海出席首屆中國國際進口博覽會開幕禮。香港積極參與其中，展示作為國家對外開放獨一無二的進出門戶和重要樞紐。

時任香港特區行政長官林鄭月娥（左）與國際貨幣基金組織總裁拉加德（右），在首屆中國國際進口博覽會開幕禮現場交流。（中新圖片提供）

2018 年 11 月 8 日

特區政府與中國科學院簽署《關於中國科學院在香港設立院屬機構的備忘錄》，確定該院在港設立院屬機構，該院屬機構亦會擔任日後在香港成立的「大灣區院士聯盟」的秘書處。

時任香港特區行政長官林鄭月娥（右）和時任中國科學院院長白春禮（左）簽署《關於中國科學院在香港設立院屬機構備忘錄》。（香港特別行政區政府提供）

2018 年 11 月 9 日

中國人民銀行首次在香港發行人民幣票據，合共 200 億元人民幣。

2018 年 12 月 14 日

《貨物貿易協議》在《內地與香港關於建立更緊密經貿關係的安排》框架下簽署，新增「海關程序與貿易便利化」「衛生與植物衛生措施」「技術性貿易壁壘」及「粵港澳大灣區貿易便利化措施」四個專章，對原產香港並進口內地的貨物全面實施零關稅，以及加快貨物通關，藉此促進大灣區的貨物流動，以深化兩地貨物貿易自由化和便利化。

2018 年 12 月 18 日

中央政府表彰 100 名改革開放傑出貢獻人士，當中四名為港人，包括世界衛生組織前任總幹事陳馮富珍、商人曾憲梓、已故的霍英東及王寬誠，嘉許他們對國家改革開放的卓越貢獻。

國家主席習近平為獲得「改革先鋒」稱號的陳馮富珍頒獎。（中新圖片提供）

2018 年 11 月 10 日至 12 日

時任香港特區行政長官林鄭月娥率領超過 160 人的代表團前往深圳和北京，慶祝國家改革開放 40 周年。

2018 年 11 月 12 日

國家主席習近平在北京會見香港澳門各界慶祝國家改革開放 40 周年訪問團時發表講話：「特別值得肯定的是，廣大港澳同胞到內地投資興業，不只是因為看到了商機，而且是希望看到內地擺脱貧困、國家日益富強。大家無償捐助內地的教科文衛體和扶貧濟困等公益事業，不只是為了行善積德，而且是基於與內地人民的同胞之情」。

2018 年 12 月

國家商務部與特區政府在「內地與香港經貿合作委員會」下，成立「內地與香港『一帶一路』建設合作專責小組」，統籌協調內地與香港在經貿合作領域中，攜手推動「一帶一路」建設事宜。

2019 年 4 月 16 日

內地宣布推出五項放寬措施，便利香港電影及其從業員進入內地市場。

2019 年 4 月 25 日

時任香港特區行政長官林鄭月娥率領由政府高層官員及香港各界代表組成的高規格香港特區代表團，在北京參與第二屆「一帶一路」國際合作高峰論壇。

2019 年 7 月 3 日

香港歷史博物館舉行「現代化之路——共和國七十年」展覽，展品包括九項國家一級文物。

為慶祝中華人民共和國成立七十周年，香港歷史博物館舉辦「現代化之路——共和國七十年」展覽，以增進港人對國家現代化發展的認識。圖為「嫦娥三號」月面巡視探測器「玉兔號」月球車模型和運送神舟十號載人飛船升空的長征二號 F 運載火箭模型。

（中新圖片提供）

2019 年 11 月 13 日

為慶祝中華人民共和國成立 70 周年和澳門回歸 20 周年，何鴻燊決定將圓明園馬首銅像捐贈給國家文物局。11 月 13 日，圓明園馬首銅像捐贈儀式在中國國家博物館隆重舉行。

2019 年 12 月 23 日

外交部駐香港特別行政區特派公署公布首批五名獲中央政府推薦赴聯合國任職的年青香港特區公務人員，這是香港特區首次參與聯合國初級專業人員計劃。

五名年青香港特區公務人員（左起）黎偉楠、何宇恒、袁彪洪、陳莉婷、白雋彥，在國家推薦下，於 2020 年 1 月起陸續赴聯合國紐約總部、日內瓦辦事處、維也納辦事處以及世界氣象組織任職。

（中新圖片提供）

2019 年 10 月 1 日

《關於內地與香港特別行政區法院就仲裁程序相互協助保全的安排》正式生效，令香港成為內地以外首個和唯一一個司法管轄區，在作為仲裁地時，合資格仲裁機構所管理的仲裁程序當事人可向內地法院提出保全申請。

2019 年 11 月 6 日

中央政府就推進粵港澳大灣區建設公布 16 項政策措施，惠及香港市民，亦便利不同界別到大灣區發展，其中包括香港居民在大灣區內地城市置業，享與內地居民同等待遇，及在大灣區試點推出香港居民異地見證開立個人銀行結算帳戶等。

2019 年

香港各界扶貧促進會把脱貧攻堅工作的幫扶範圍擴大到廣西壯族自治區、四川省理塘縣、江西省廣昌縣等三個區域，累計捐出扶貧款項 7096.6 萬元人民幣。

2020 年 5 月 14 日

中國人民銀行、中國銀行保險監督管理委員會、中國證券監督管理委員會和國家外匯管理局聯合發布《關於金融支持粵港澳大灣區建設的意見》，進一步強調要推動大灣區綠色金融合作。2020 年 9 月，廣州、深圳、香港、澳門四個中心城市，聯合成立「粵港澳大灣區綠色金融聯盟」推動綠色金融項目。

2020 年 5 月 28 日

第十三屆全國人民代表大會第三次會議通過《全國人民代表大會關於建立健全香港特別行政區維護國家安全的法律制度和執行機制的決定》。

2020 年 6 月 30 日

第十三屆全國人大常委會第二十次會議通過《中華人民共和國香港特別行政區維護國家安全法》，並將其納入《基本法》附件三，訂明分裂國家、顛覆國家政權、恐怖活動和勾結外國或境外勢力危害國家安全的犯罪行為。

時任香港特區行政長官林鄭月娥與行政會議成員見記者，全力支持港區國安法在港落實的工作。
（ANTHONY WALLACE/AFP via Getty Images）

2020 年 10 月 22 日

國務院辦公廳印發《香港法律執業者和澳門執業律師在粵港澳大灣區內地九市取得內地執業資質和從事律師職業試點辦法》，放寬了香港法律執業者在內地執業的門檻。

2020 年 12 月 1 日

國家文物局、北京市政府在圓明園正覺寺舉行「圓明園馬首銅像劃撥入藏儀式」。馬首銅像在《百年夢圓——圓明園馬首銅像回歸展》上首度公開亮相，成為第一件回歸圓明園的流失海外重要文物。

百年夢圓，馬首銅像重歸圓明園。馬首銅像造工精美、神態逼真。（新華社提供）

2020年7月31日

因應香港第三波新冠肺炎疫情，國務院港澳事務辦公室發表聲明，指中央政府將應港府請求，派內地檢測人員到港協助展開大規模檢測，並協助興建臨時隔離及治療中心。

2020年8月21日

時任香港特區行政長官林鄭月娥宣布，香港將於9月1日展開新冠病毒普及社區檢測計劃，575名臨危受命的內地核酸檢測支援隊員，連續14天保持「火眼實驗室」24小時不間斷運作，共完成178.3萬餘個樣本檢測。

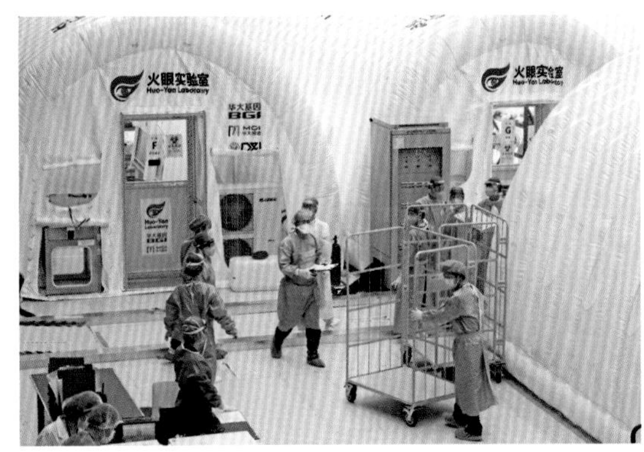

為期14天的香港普及社區檢測計劃在9月14日晚圓滿結束，共178.3萬人完成採樣、6500名醫護人員參與採樣工作。圖為工作人員將普檢採集樣本送至「火眼實驗室」進行檢測。（中新圖片提供）

2021年2月26日

國家主席習近平在全國脱貧攻堅總結表彰大會上宣告，我國脱貧攻堅戰取得了全面勝利，現行標準下，832個貧困縣、12.8萬個貧困村，共9899萬農村貧困人口全部脱貧。

2021年3月11日

第十三屆全國人民代表大會第四次會議通過關於《完善香港特別行政區選舉制度的決定》議案，並授權全國人大常委會修改《基本法》附件一《香港特別行政區行政長官的產生辦法》和附件二《香港特別行政區立法會的產生辦法和表決程序》。特區政府根據人大常委會的修訂，修改本地有關選舉的法律，以完善選舉制度，確保「愛國者治港」原則的落實。

2021年4月21日

中共中央宣傳部向全社會宣傳發布東深供水工程建設者群體的先進事跡，授予他們「時代楷模」稱號，表揚他們是「建設守護香港供水生命線的光榮團隊」，號召全社會向他們學習。

中宣部授予東深供水工程建設者群體「時代楷模」稱號。（新華社提供）

2021年5月

時任香港特區行政長官林鄭月娥給全國政協副主席、國務院港澳辦主任夏寶龍寫信，請求中央政府派人赴港給特區政府、社會各界講解國家「十四五」規劃。中央政府高度重視這一請求，委派國務院港澳辦、發改委、科技部、人民銀行、國務院新聞辦的官員來香港，與香港各界朋友交流學習「十四五」規劃的心得體會。8月23日，特區政府舉辦「十四五」規劃宣講會，與會代表探討了國家政策給香港帶來的新機遇，認為香港要把握歷史性發展機遇，更好融入國家發展大局。

2021年9月1日

國家商務部與特區政府簽署《關於推進境外經貿合作區高質量發展合作備忘錄》，就境外經貿合作區的建設和發展加強交流合作。

2021年9月6日

中央政府發布《全面深化前海深港現代服務業合作區改革開放方案》，着力推動前海合作區深化改革開放、與香港制度對接，容許大灣區內地城市的港資企業在前海選用香港法律作為合同的適用法律，並開放香港金融業、服務業到前海發展。

2021年6月22日

負責「長征」、「神舟」、「北斗」、「嫦娥」等國家重大航天項目的頂尖科學家團隊訪港，為期五天。訪港期間，航天科學家訪港團的中國工程院院士、長征系列火箭總設計師戚發軔一行在理工大學、香港大學和六所中學舉辦講座，和香港青年進行交流，並在26日參加「時代精神耀香江」之百年中國科學家主題展暨月壤入港揭幕儀式。

2021年7月23日至8月8日

中國香港代表隊參加於日本東京舉行的第三十二屆奧運會，共奪得一金兩銀三銅，為歷屆最佳成績。

香港「少年劍神」張家朗，在東京2020奧運會男子個人花劍決賽勝出後舉劍慶祝。（新華社提供）

2021年9月19日

香港特別行政區選舉委員會界別分組一般選舉結束，產生1448名新一屆選舉委員會委員。

2021年10月6日

特區政府在《施政報告》中提出《北部都會區發展策略》，參考國家「十四五」規劃綱要和《粵港澳大灣區發展規劃綱要》給予香港的支持，在新界北部發展面積達30,000公頃的商業核心區「北部都會區」。

《北部都會區發展策略》提出將香港北部發展成為宜居宜業宜遊的都會區。（中新圖片提供）

2021 年 10 月 12 日

深圳市政府在港發行 50 億元人民幣債券。這是內地市政府首次在境外發債，是推動人民幣國際化的重要里程碑。

2021 年 12 月 3 日

包括 29 名運動員和三名教練的東京 2020 奧運會國家奧運健兒代表團訪港三日，期間參與多項親善活動，包括於伊利沙伯體育館舉行的「奧運健兒大匯演」以及兩場「奧運健兒展風采」示範表演。

2021 年 12 月 22 日

國家主席習近平在會見來京述職的時任香港特區行政長官林鄭月娥時指出：「幾天前，香港舉行了第七屆立法會選舉。在新選舉制度下，香港特別行政區選舉委員會選舉和第七屆立法會選舉先舉行，都取得了成功。廣大香港同胞當家做主的民主權利得到體現，『愛國者治港』原則得到落實，社會各階層各界別廣泛、均衡參與的政治格局得到確立。實踐證明，新選舉制度符合『一國兩制』原則，符合香港實際，為確保『一國兩制』行穩致遠、確保香港長期繁榮穩定提供了制度支撐，是一套好制度。」

2022 年 2 月 4 日至 22 日

中國香港代表隊參加於北京舉行的第二十四屆冬季奧運會，共派出三名運動員，是香港參加冬奧以來規模最大的代表團。

香港滑冰運動員朱定文在 2022 年北京冬奧開幕禮上擔任持旗手，為港隊在北京冬奧之旅揭開序幕。

（Lintao Zhang/Getty Images）

2021 年 12 月 19 日

香港特別行政區第七屆立法會選舉舉行，產生 90 名議員。

2021 年 12 月 20 日

國務院新聞辦公室發表《「一國兩制」下香港的民主發展》白皮書，全面回顧香港特別行政區民主的產生和發展歷程，進一步闡明中央政府對香港特別行政區民主發展的原則立場。

香港特別行政區第七屆立法會選舉順利結束，選舉管理委員會主席馮驊（右二後排）於中央點票站倒出票箱的選票進行點票。（新華社提供）

《「一國兩制」下香港的民主發展》白皮書的不同文字版本。
（Chen Yongnuo/China News Service via Getty Images）

2022 年 2 月 10 日

香港第五波疫情爆發期間曾出現生活用品搶購潮，國務院港澳辦發言人表示，一直協調廣東省，統籌好粵港疫情聯防聯控和保障跨境物資運輸工作，保障對港蔬菜、鮮活食品和其他日用必需品的供應。

2022 年 2 月 12 日

時任政務司司長李家超與港澳辦副主任黃柳權在深圳主持第二次內地與香港新冠肺炎疫情專題交流會，會上港府請求中央委派內地專家助港進行病理排查和分析工作、提升本港檢測能力、協助興建檢疫和隔離設施、提供快速抗原測試套裝，以及提供醫療。

時任政務司司長李家超率領特區代表團，出席於深圳舉行的第二次內地與香港新冠肺炎疫情專題交流會，交流抗疫經驗。（中新圖片提供）

2022 年 2 月 17 日

國家衛生健康委副主任、國家疾病預防控制局局長王賀勝在深圳指導廣東省派出第一批內地支援香港抗疫流行病學專家組，以及兩輛移動核酸檢測車入港，支持特區政府有效應對疫情。

2 月 17 日，移動核酸檢測車从深圳灣口岸抵達香港，支援抗疫。（新華社提供）

2022 年 5 月 8 日

香港特別行政區第六屆行政長官選舉舉行，李家超以 1416 票高票當選行政長官。

李家超高票當選香港特別行政區第六任行政長官，在選舉現場向支持者致意。（新華社提供）

2022 年 6 月 14 日

國務院印發《廣州南沙深化面向世界的粵港澳全面合作總體方案》，以加快廣州南沙粵港澳重大合作平台建設，貫徹落實《粵港澳大灣區發展規劃綱要》的戰略部署。方案明確面向港澳及國際，將成為港澳更好融入國家發展大局的重要載體和有力支撐。

2022 年 6 月 22 日

香港故宮文化博物館開幕，並於 7 月 3 日正式向公眾開放。

2022 年 6 月 22 日，時任香港特區行政長官林鄭月娥出席香港故宮文化博物館開幕典禮，其間敦煌研究院贈送一幅莫高窟 217 窟數字山水畫予香港故宮文化博物館。（香港特別行政區政府提供）

2022 年 7 月 1 日

香港特別行政區第六屆行政長官就職典禮舉行。

李家超在國家主席習近平監誓下，宣誓就任第六任行政長官。（星島新聞集團提供）

附錄

附錄一

2022屆香港特區政府主要官員名單

行政長官
李家超

律政司司長
林定國

政務司司長
陳國基

財政司司長
陳茂波

律政司副司長
張國鈞

政務司副司長
卓永興

財政司副司長
黃偉綸

政制及內地事務局局長
曾國衞

環境及生態局局長
謝展寰

勞工及福利局局長
孫玉菡

民政及青年事務局局長
麥美娟

醫務衞生局局長
盧寵茂

公務員事務局局長
楊何蓓茵

文化體育及旅遊局局長
楊潤雄

教育局局長
蔡若蓮

保安局局長
鄧炳強

財經事務及庫務局局長
許正宇

創新科技及工業局局長
孫東

商務及經濟發展局局長
丘應樺

運輸及物流局局長
林世雄

房屋局局長
何永賢

發展局局長
甯漢豪

廉政專員
胡英明

審計署署長
林智遠

警務處處長
蕭澤頤

入境事務處處長
區嘉宏

海關關長
何珮珊

附錄二

香港特別行政區行政長官歷年施政報告一覽表

年份	行政長官	中文標題	英文標題
1997	董建華	共創香港新紀元	Building Hong Kong For A New Era
1998		羣策羣力　轉危為機	From Adversity to Opportunity
1999		培育優秀人才　建設美好家園	Quality People, Quality Home
2000		以民為本　同心同德	Serving the Community, Sharing Common Goals
2001		鞏固實力　投資未來	Building on Our Strengths, Investing in Our Future
2003		善用香港優勢　共同振興經濟	Capitalising on Our Advantages, Revitalising Our Economy
2004		把握發展機遇　推動民本施政	Seizing Opportunities for Development, Promoting People-based Governance
2005		合力發展經濟　共建和諧社會	Working Together for Economic Development and Social Harmony
2005 – 2006	曾蔭權	強政勵治　福為民開	Strong Governance For the People
2006 – 2007		以民為本　務實進取	Proactive, Pragmatic, Always People First
2007 – 2008		香港新方向	A New Direction for Hong Kong
2008 – 2009		迎接新挑戰	Embracing New Challenges
2009 – 2010		羣策創新天	Breaking New Ground Together
2010 – 2011		民心我心　同舟共濟　繁榮共享	Sharing Prosperity for a Caring Society
2011 – 2012		繼往開來	From Strength to Strength

年份	行政長官	中文標題	英文標題
2013	梁振英	穩中求變　務實為民	Seek Change; Maintain Stability; Serve the People with Pragmatism
2014	梁振英	讓有需要的 得到支援 讓年青的　各展所長 讓香港　得以發揮	Support the Needy; Let Youth Flourish; Unleash Hong Kong's Potential
2015	梁振英	重法治　掌機遇　作抉擇	Uphold the Rule of Law; Seize the Opportunities; Make the Right Choices
2016	梁振英	創新經濟　改善民生 促進和諧　繁榮共享	Innovate for the Economy; Improve Livelihood; Foster Harmony; Share Prosperity
2017	梁振英	用好機遇　發展經濟 改善民生　和諧共融	Make Best Use of Opportunities; Develop the Economy; Improve People' s Livelihood; Build an Inclusive Society
2017	林鄭月娥	一起同行　擁抱希望　分享快樂	We Connect for Hope and Happiness
2018	林鄭月娥	堅定前行　燃點希望	Striving Ahead, Rekindling Hope
2019	林鄭月娥	珍惜香港　共建家園	Treasure Hong Kong: Our Home
2020	林鄭月娥	砥礪前行　重新出發	Striving Ahead with Renewed Perseverance
2021	林鄭月娥	齊心同行　開創未來	Building a Bright Future Together

附錄三

大紫荊勳章頒授名單

香港特別行政區政府設立了自身的授勳及嘉獎制度，表揚為香港作出卓越貢獻，或致力服務香港社區和公眾而成績斐然，或在所屬範疇出類拔萃的人士，頒授數目視每年的情況而定。

大紫荊勳章（Grand Bauhinia Medal，縮寫 GBM）是香港特區授勳及嘉獎制度下的最高榮譽，表揚畢生為香港社會作出重大貢獻的人士。勳章由黃金及白金嵌成，圖案為星光托着紫荊花，紫荊花代表香港，一顆星代表中國，體現出「一國兩制」。

大紫荊勳章自 1997 年起每年頒授一次，2003 年和 2004 年因為無人獲頒授而懸空。任何受勳者如因被定罪入獄一年或以上，可能會被褫奪大紫荊勳章。另外，所有受勳者皆可以終生在其英文名字前加上「The Honourable」（遭到褫奪者除外），亦可在其名字後加上「大紫荊勳賢」或「GBM」。自 1997 年以來榮獲大紫荊勳章的具體名單如下：

年份	授勳名單
1997	安子介　利國偉　李福善　杜葉錫恩　查濟民 徐四民　莊世平　黃克立　曾憲梓　霍英東 鍾士元　羅德丞
1998	沙利士　吳康民　邵逸夫　黃保欣
1999	李澤添　陳方安生　楊鐵樑 Sidney　Gordon（高登） William　Purves（浦偉士）
2000	列顯倫　沈澄　毛鈞年　查良鏞　饒宗頤
2001	方心讓　李嘉誠　楊光
2002	曾蔭權　梁愛詩　鍾逸傑　田長霖
2003	--
2004	--
2005	劉皇發　蔣震
2006	董建華　李業廣　李東海
2007	范徐麗泰　李國寶　李兆基
2008	李國能　胡鴻烈　鄭裕彤　陳瑞球
2009	唐英年　夏利萊　任志剛
2010	曾俊華　夏佳理　梁智鴻　何鴻燊　馮國經 田家炳　高錕
2011	梁振英　盛智文
2012	馬道立　林瑞麟　黃仁龍　包致金　吳光正 呂志和

年份	授勳名單
2013	陳兆愷　梅師賢　釋覺光　譚惠珠
2014	楊孫西　何柱國
2015	曾鈺成　鄭耀棠　何世柱　李達三
2016	林鄭月娥　譚耀宗　陳永棋　羅仲榮　胡法光　鄭慕智　徐立之
2017	張建宗　陳茂波　袁國強　史美倫　李國章　羅范椒芬　葉國謙　羅康瑞　鄭家純　戴德豐　蘇澤光　陳啟宗
2018	鄧楨　張學明　陳有慶　楊紫芝
2019	余國春　洪祖杭
2020	梁君彥　陳智思　陳東　許榮茂
2021	張舉能　鄭若驊　周松崗　葉劉淑儀　陳振彬　蔡冠深　盧文端

附錄四

《中華人民共和國國民經濟和社會發展第十四個五年規劃和2035年遠景目標綱要》(節錄涉港部分)

第十八篇

堅持「一國兩制」 推進祖國統一

保持香港、澳門長期繁榮穩定，推進兩岸關係和平發展和祖國統一，共創中華民族偉大復興的美好未來。

第六十一章

保持香港、澳門長期繁榮穩定

全面準確貫徹「一國兩制」、「港人治港」、「澳人治澳」、高度自治的方針，堅持依法治港治澳，維護憲法和基本法確定的特別行政區憲制秩序，落實中央對特別行政區全面管治權，落實特別行政區維護國家安全的法律制度和執行機制，維護國家主權、安全、發展利益和特別行政區社會大局穩定，堅決防範和遏制外部勢力干預港澳事務，支持港澳鞏固提升競爭優勢，更好融入國家發展大局。

第一節
支持港澳鞏固提升競爭優勢

支持香港提升國際金融、航運、貿易中心和國際航空樞紐地位，強化全球離岸人民幣業務樞紐、國際資產管理中心及風險管理中心功能。支持香港建設國際創新科技中心、亞太區國際法律及解決爭議服務中心、區域知識產權貿易中心，支持香港服務業向高端高增值方向發展，支持香港發展中外文化藝術交流中心。支持澳門豐富世界旅遊休閒中心內涵，支持粵澳合作共建橫琴，擴展中國與葡語國家商貿合作服務平台功能，打造以中華文化為主流、多元文化共存的交流合作基地，支持澳門發展中醫藥研發製造、特色金融、高新技術和會展商貿等產業，促進經濟適度多元發展。

第二節
支持港澳更好融入國家發展大局

完善港澳融入國家發展大局、同內地優勢互補、協同發展機制。支持港澳參與、助力國家全面開放和現代化經濟體系建設，打造共建「一帶一路」功能平台。深化內地與港澳經貿、科創合作關係，深化並擴大內地與港澳金融市場互聯互通。高質量建設粵港澳大灣區，深化粵港澳合作、泛珠三角區域合作，推進深圳前海、珠海橫琴、廣州南沙、深港河套等粵港澳重大合作平台建設。加強內地與港澳各領域交流合作，完善便利港澳居民在內地發展和生活居住的政策措施，加強憲法和基本法教育、國情教育，增強港澳同胞國家意識和愛國精神。支持港澳同各國各地區開展交流合作。

附錄五

從圖表看回歸 25 載

圖一：人口統計數據

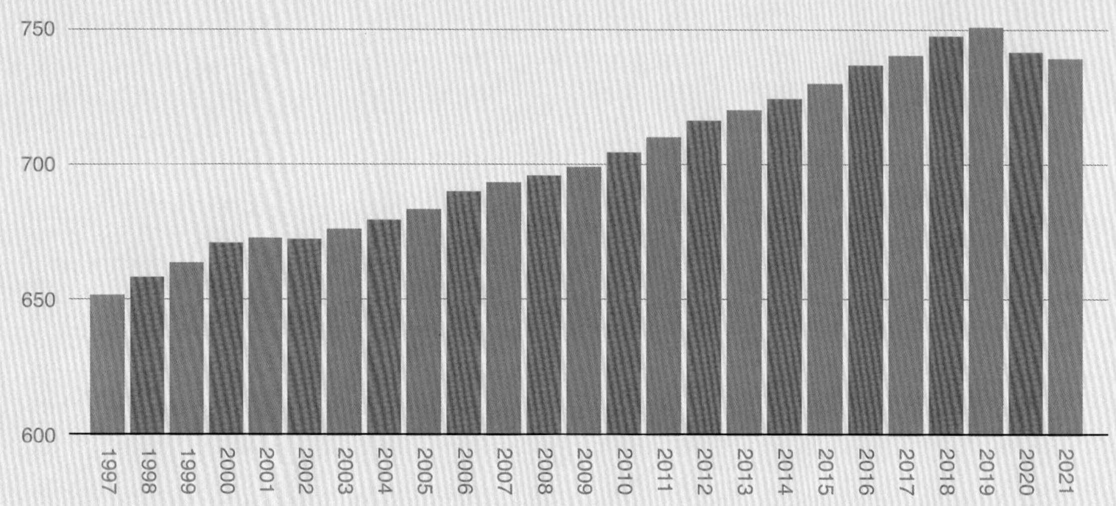

資料來源：政府統計處

圖二：香港回歸以來的本地生產總值（GDP）及按人口平均計算的本地生產總值

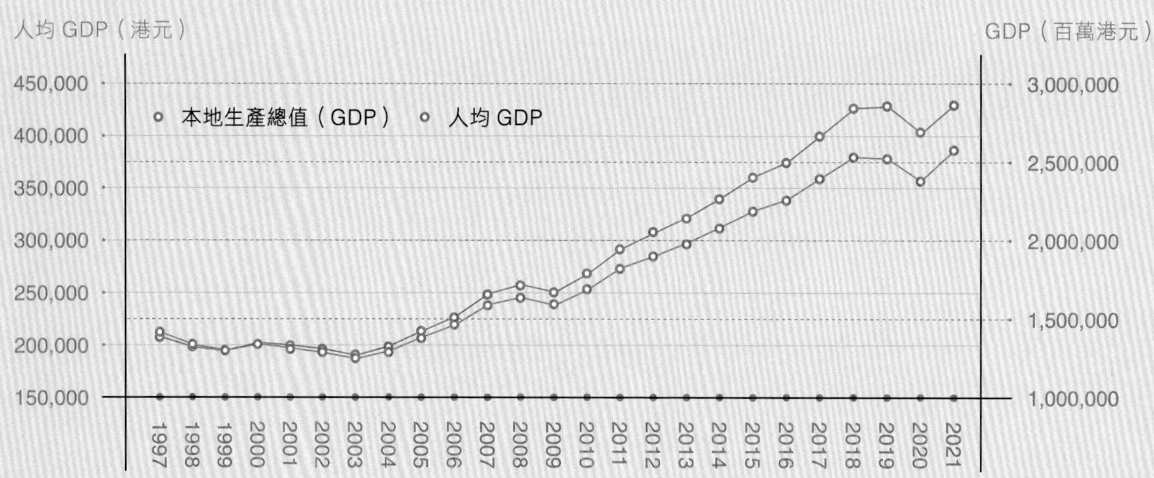

資料來源：政府統計處

圖三 a：個人 / 家庭入息中位數

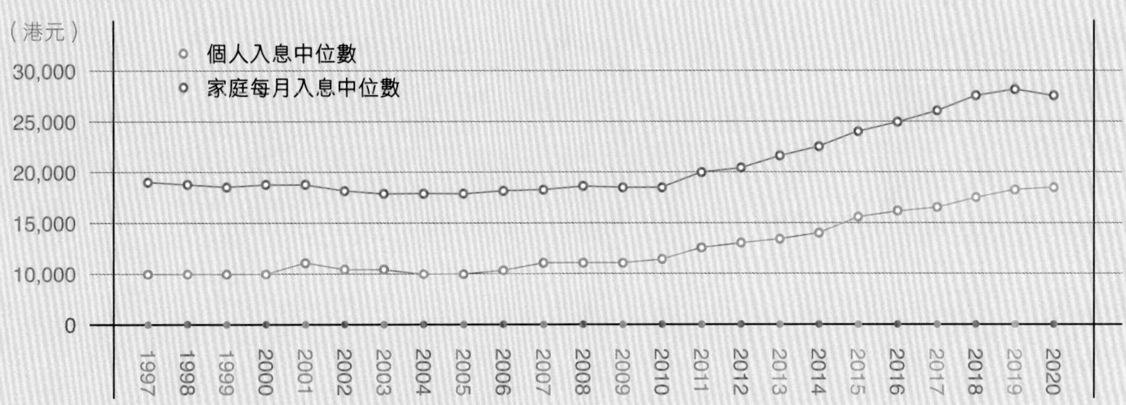

圖三 b：勞動人口 / 失業人數 / 就業人數

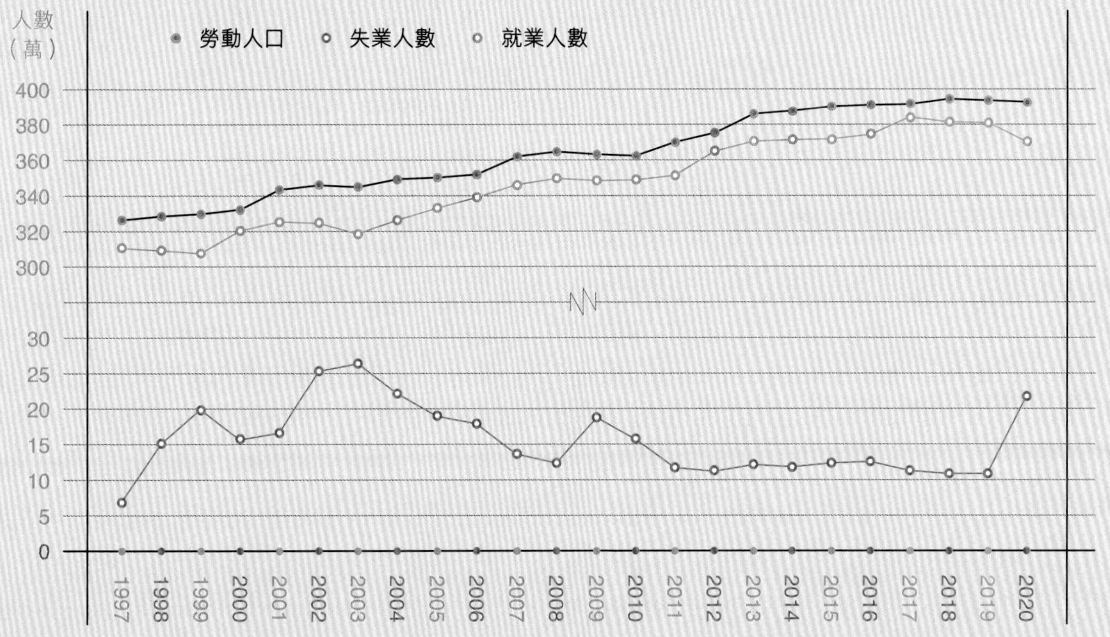

資料來源：香港經濟日報、政府統計處

圖三 c：按行業劃分的工作人口比例

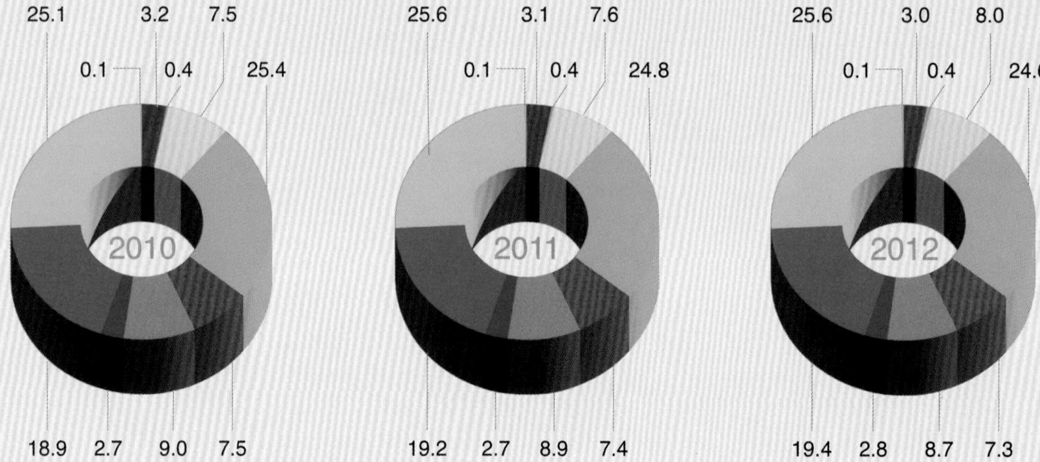

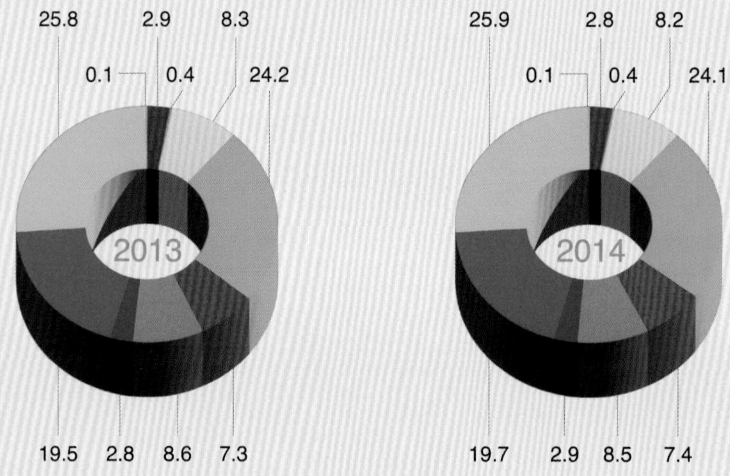

（%）

- 製造
- 電力、燃氣供應和自來水供應及廢棄物管理
- 建造
- 進出口貿易、批發及零售
- 住宿及膳食服務
- 運輸、倉庫、郵政及速遞服務
- 資訊及通訊
- 金融及保險、地產以及專業及商用服務
- 公共行政以及社會及個人服務
- 其他

資料來源：香港政府一站通

圖四：政府總體收入

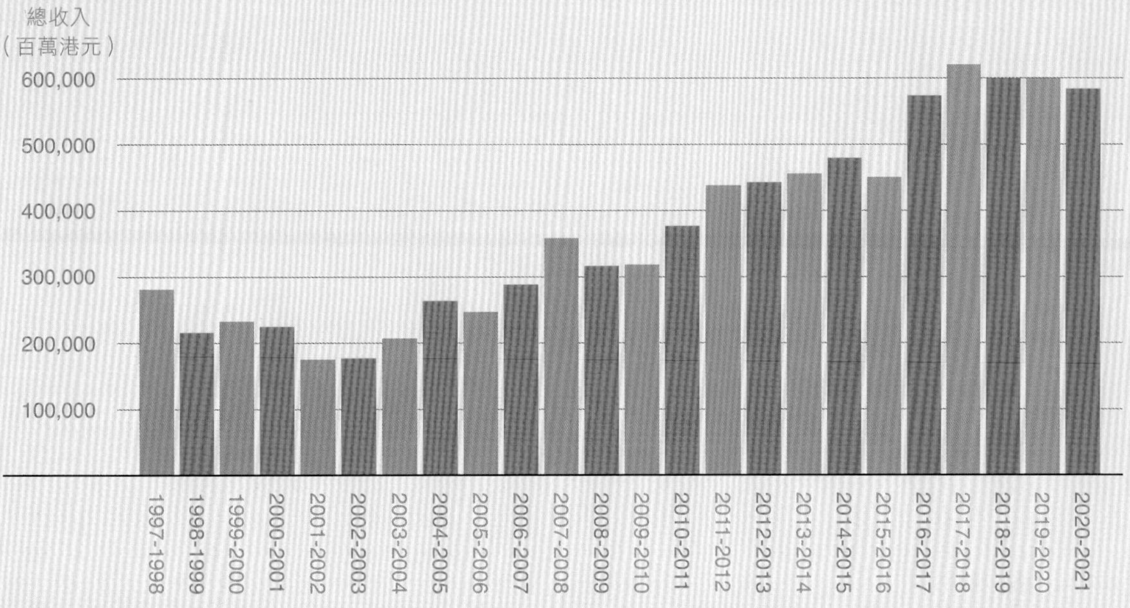

資料來源：政府統計處

圖五 a：政府財政儲備

資料來源：財經事務及庫務局

圖五 b：政府外匯儲備

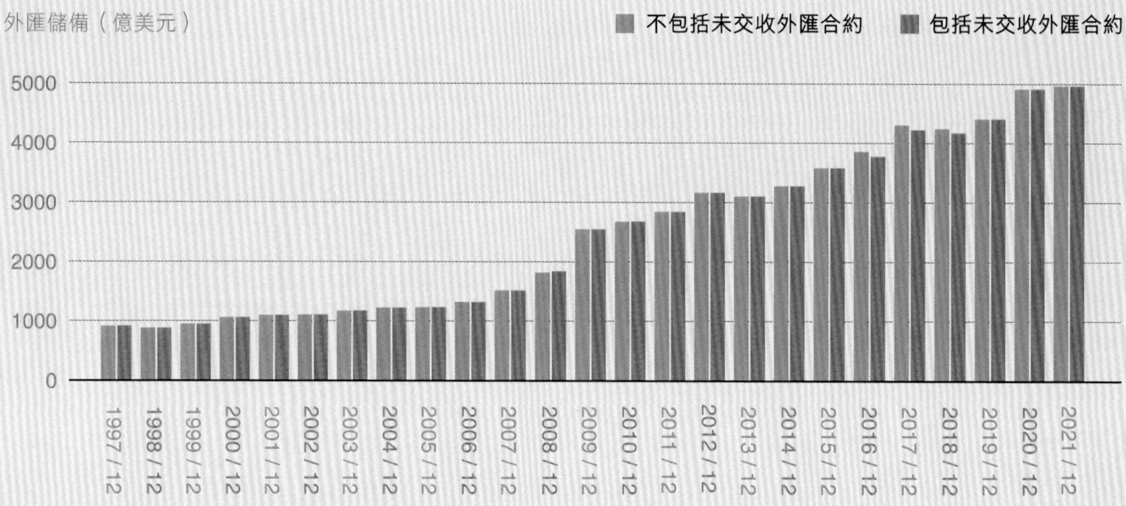

資料來源：金管局

圖六：港股總市值（以每年最後一個交易日為計算標準）

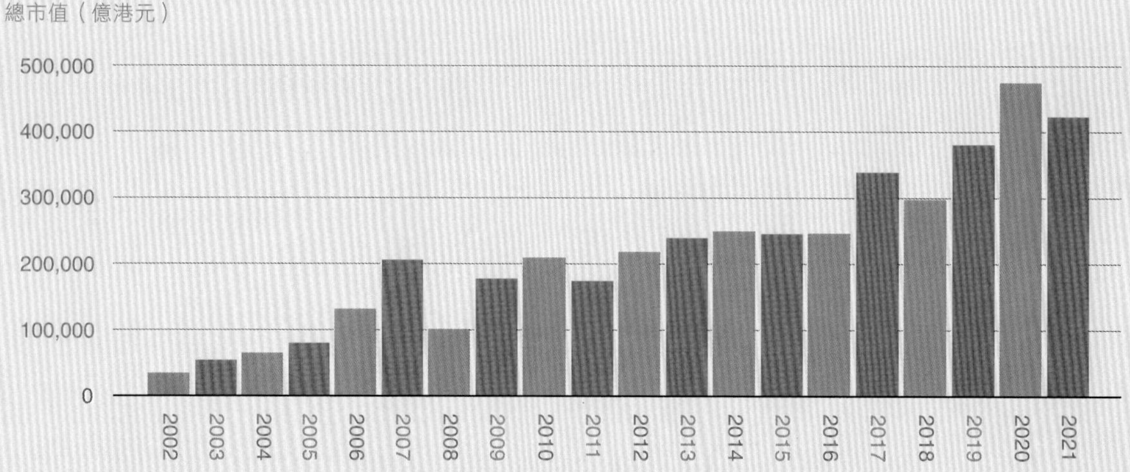

資料來源：港交所

圖七：香港對外商品貿易總額

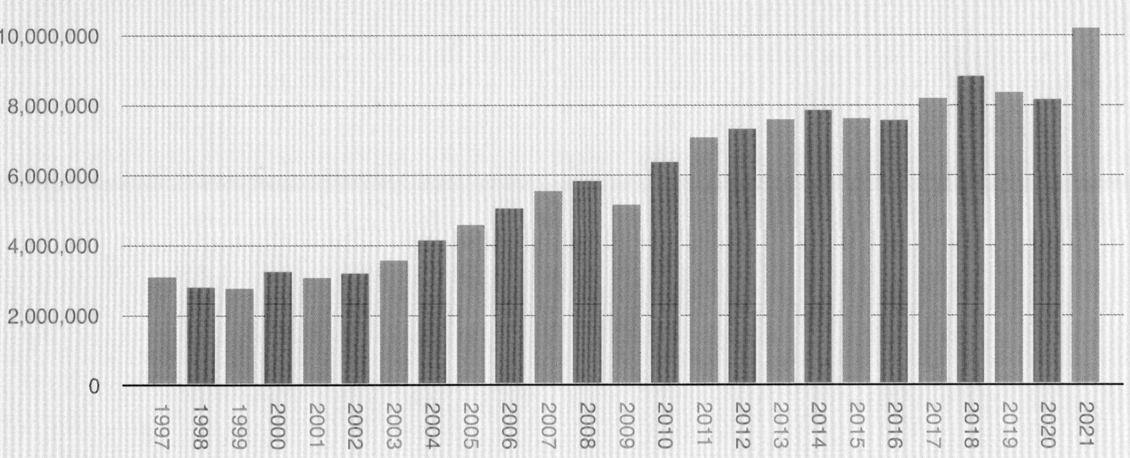

資料來源：政府統計處

圖八：香港航空貨運、客運量

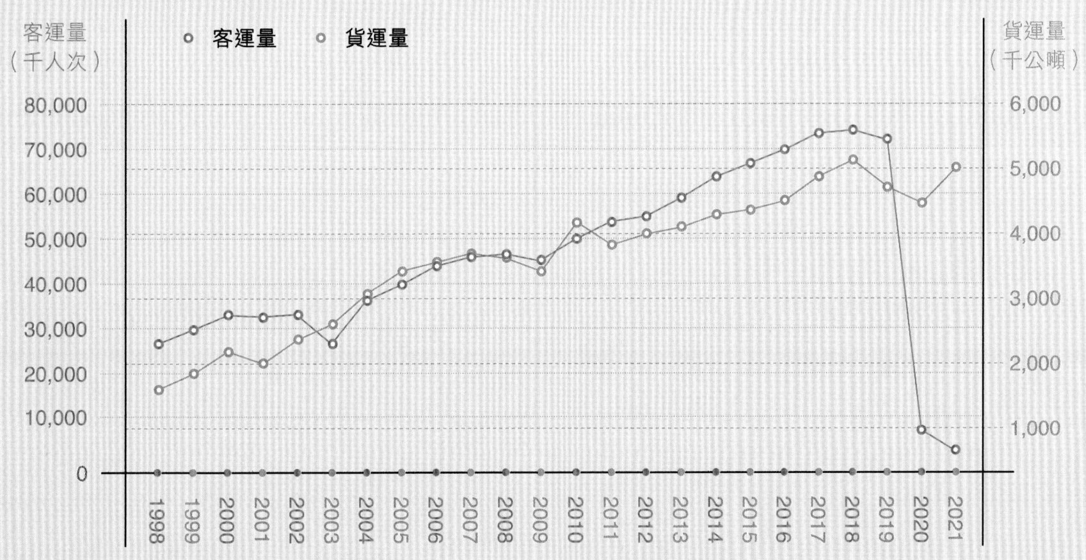

資料來源：香港國際機場

圖九：港口貨櫃吞吐量

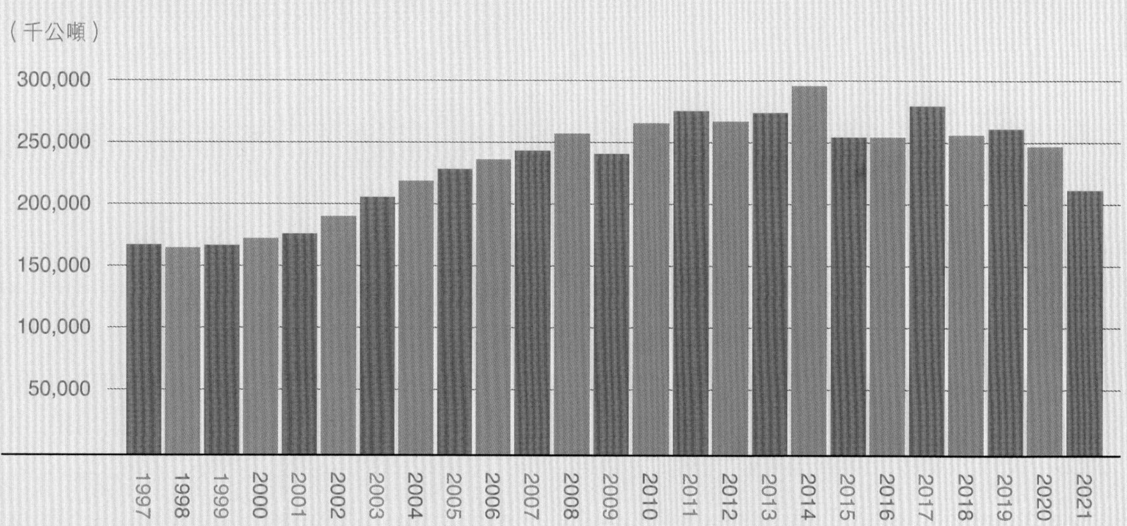

資料來源：政府統計處

圖十 a：進口自十個主要供應地（國家和地區）的貨值

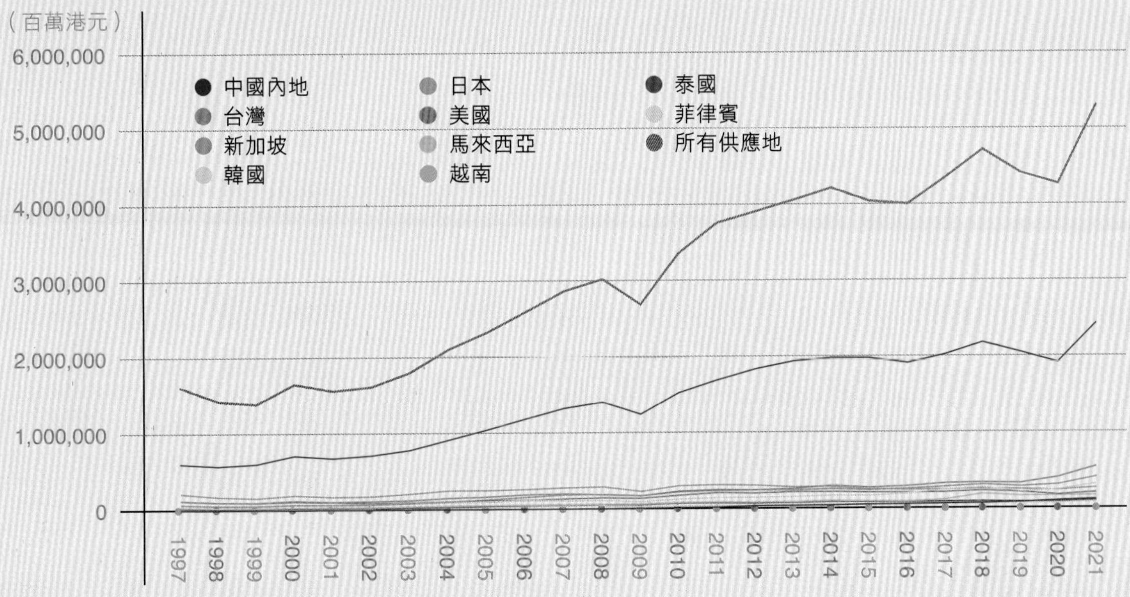

資料來源：政府統計處

圖十 b：整體出口往十個主要目的地（國家和地區）的貨值

資料來源：政府統計處

圖十一：內地訪港人數

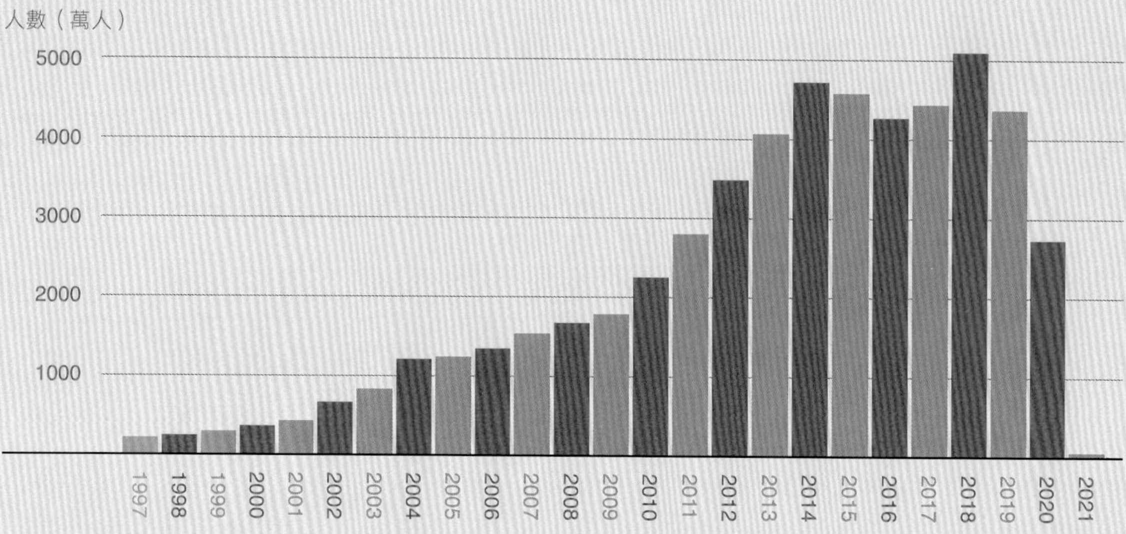

資料來源：政府統計處、香港年報

圖十二：醫療開支

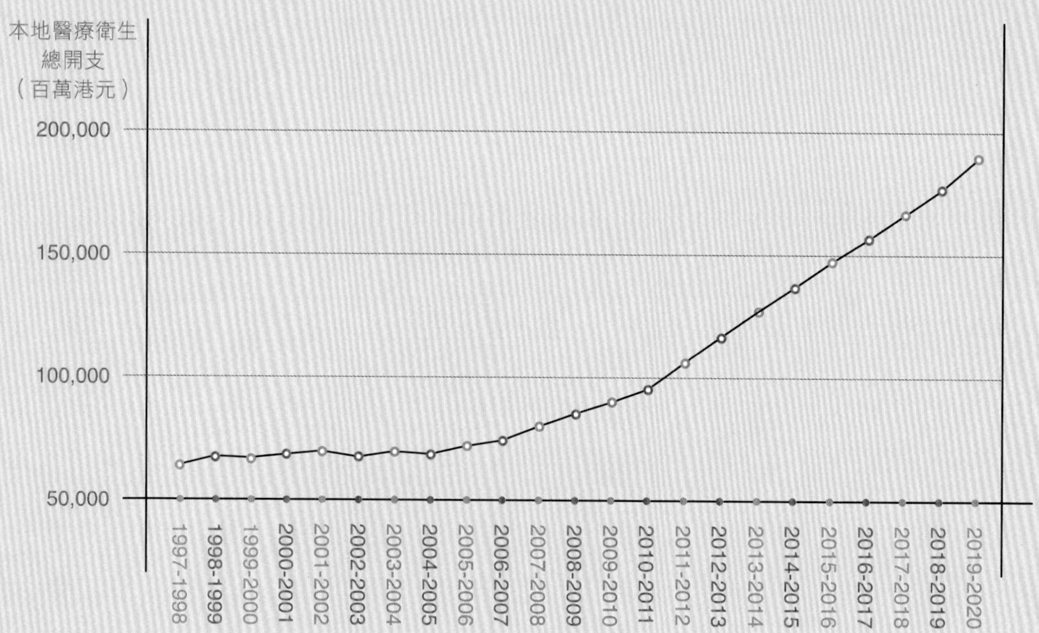

資料來源：食物及衛生局

圖十三 a：教育開支

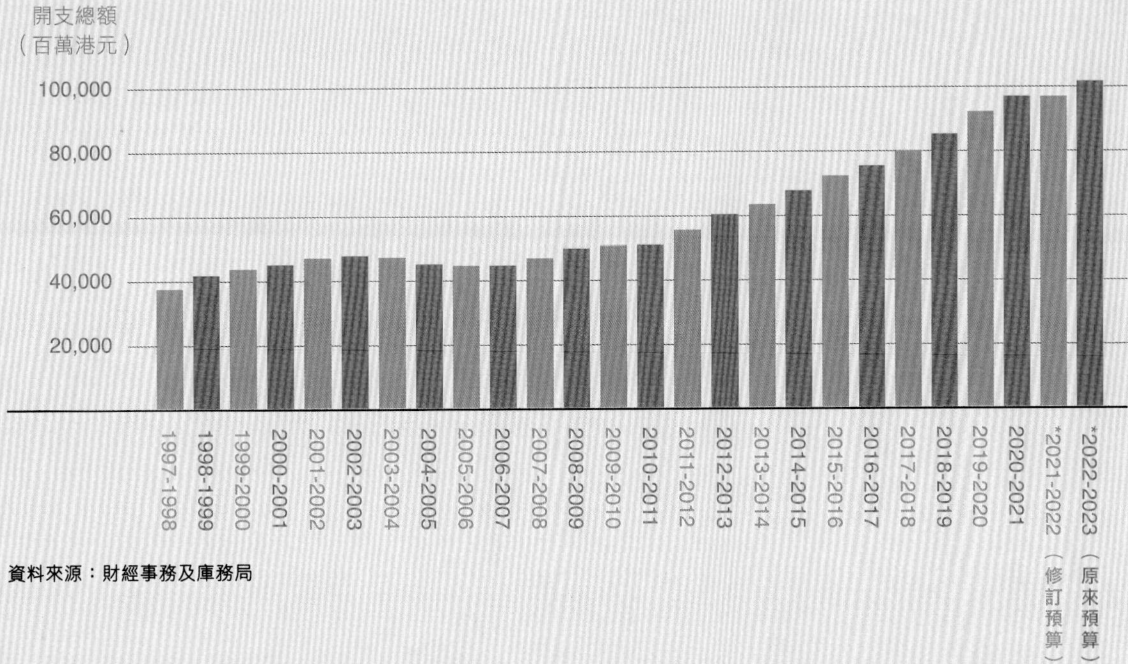

資料來源：財經事務及庫務局

圖十三 b：教育程度

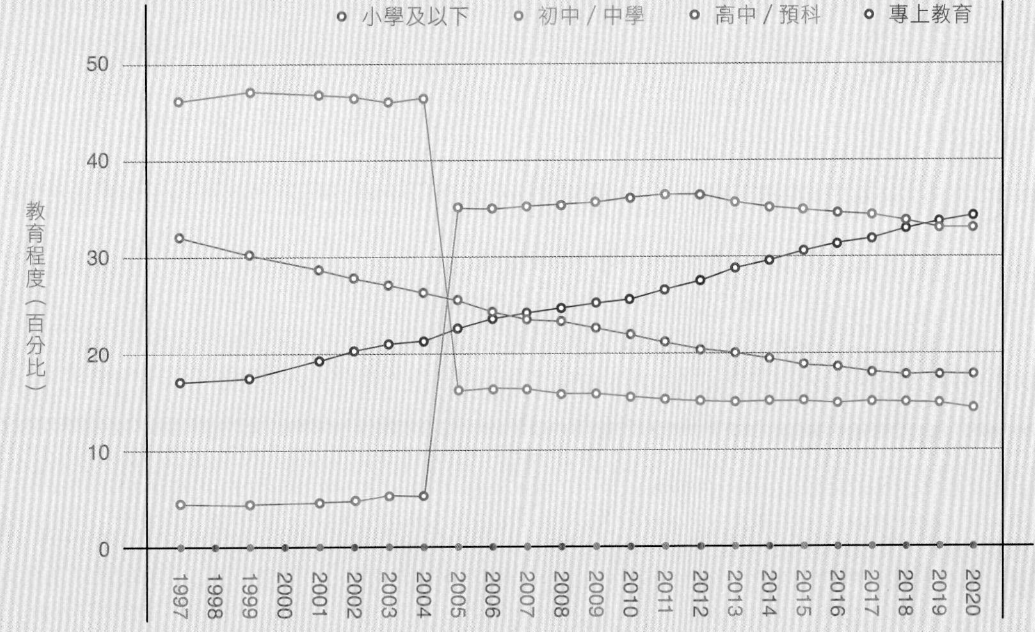

資料來源：政府統計處、香港年報

鳴謝

南華早報出版有限公司

星島新聞集團

香港大公文匯傳媒集團

香港故宮文化博物館

香港特別行政區政府

香港貿易發展局

香港總商會

健康快車香港基金

新華社

（按筆劃排序）

回歸・情義25載

呈獻機構	團結香港基金
編著機構	香港地方志中心
顧　問	陳坤耀教授　劉蜀永教授　劉智鵬教授　劉佩瓊教授
統　籌	甄梓祺
撰　稿	蔡兆浚　阮江平　周鑾棠　李　淇　宋博文 張　琳　張佩君　黃柱承　魏穎茵　顧馨美
配　圖	林琼歡　黎潔瑩
編　輯	蔡兆浚　阮江平　甄梓祺
責任編輯	黎耀強
封面設計	中華書局（香港）有限公司、Mo Mok
裝幀設計	Mo Mok

出　版　中華書局（香港）有限公司
香港北角英皇道 499 號北角工業大廈 1 樓 B
電話：（852）2137 2338
傳真：（852）2713 8202
電子郵件：info@chunghwabook.com.hk
網址：http://www.chunghwabook.com.hk

發　行　香港聯合書刊物流有限公司
香港新界荃灣德士古道 220-248 號荃灣工業中心 16 樓
電話：（852）2150 2100
傳真：（852）2407 3062
電子郵件：info@suplogistics.com.hk

印　刷　高科技印刷集團有限公司
香港葵涌和宜合道 109 號長榮工業大廈 6 樓

版　次　2022 年 7 月初版

規　格　16 開（268mm×200mm）

ISBN　978-988-8807-91-8